차례

바나나 키친   9

부록 언니의 레시피   212

옮긴이의 말   215

오늘, 우리 뭐 먹을까?

1

저녁때, 갑자기 비가 내리기 시작했다.

두 살 반짜리 아들과 함께 친구의 포르셰를 타고 가는 동안, 하늘에서는 뭉글뭉글 검은 비구름이 퍼졌다.

포르셰를 처음 타 보는 꼬맹이가 처음에는 들떠서 조잘대더니, 친구가 차의 지붕을 열어 오픈카로 만들어 주자 그저 조용히 "오픈 붕붕이다."라고만 중얼거렸다. 사람은 정말 놀라거나 기쁘면 흥분해서 떠들어 대기보다는 그저 중얼거리는구나, 하고 생각했다.

얼굴에 굵은 빗방울이 떨어지는데도 전혀 개의치 않고 꼬맹이는 오픈카에 앉아 그 순간을 즐겼다.

그날 아침에 한국 친구가 보내 준 엄청난 양의 김치와 한국 김이 배달되었다.

평소 사람들을 상담해 주는 힘든 일을 하는 사람인데, 전화기 너머로 들려온 것은 평범한 한국 '엄마'의 목소리였다.

"좀 시다 싶으면 찌개 끓여 먹어. 두부만 넣고!"

두부가 없어서 중국식 장국에 배추김치와 홍당무와 한국

김을 넣어 부글부글 끓였다.

한국 김 덕분에 고소한 참기름 맛도 나고 약간 맵기도 해서 땀을 뻘뻘 흘리며 먹었다. 몸이 절로 개운해질 것 같았다.

그리고 역시 누가 보내 준 가다랑어 다타키|생선, 고기 등의 겉면을 센 불로 살짝 굽는 요리법.|에 차조기 이파리와 마늘과 양하를 곁들이고 소금 소스를 뿌렸다.

바다 포도|오키나와의 특산 해조류.|에는 참기름과 남플라, 식초, 유자, 후추를 섞어 만든 드레싱(요리 연구가 에다모토 나호미 씨의 요리법이다.)을 뿌려 먹었다. 드레싱을 미리 뿌리면 삼투압 작용 때문에 바다 포도가 조그맣게 쪼그라들기 때문에 뿌리면서 먹어야 한다는 것을 오키나와에서 배웠다.

앞에서 말한 김치찌개를 데우고, 메인 요리로는 삶은 태국 쌀국수에 토마토, 팟타이 페이스트, 마늘을 버무려, 살짝 이탈리아 느낌이 나는 팟타이를 준비했다.

꼬맹이는 바다 포도와 팟타이를 신나게 먹었다. 두 가지 다 태어나서 처음 경험하는 맛이었을 것이다.

밥을 먹고 나서는 추석 선물로 받은 청포도를 먹었다.

아직 제 손으로 껍질을 까지 못하는 꼬맹이는 식사를 함께한 친구가 꼼꼼하게 깐 포도 알을 받아먹으며 방실거렸다.

포도 껍질을 까 주는 것, 잠시 차에 태워 주는 것.

누구나 주위 사람들의 이런 자잘한 애정에 힘입어 성장하는 것이리라.

지금까지 살면서 요즘만큼 집에서 음식을 많이 만든 때는 없었고, 아마 앞으로도 없을 것이다.

아이를 키우면서 먹는 밥은 가족 모두의 밥이다. 가족을 하나로 묶는 끈 같은 것이다. 어떤 음식이든 상관없다. 집에서 즐겁게 먹을 수만 있다면. 꼬맹이가 나가서 먹는 것을 반길 때까지는, 아직 한동안 여유가 있을 것 같다.

2

예전에 같이 공부했고, 이 책을 위해서도 크게 힘써 준 도모는 우리 집 근처에 살고 있다.

옛날부터 음식 솜씨가 뛰어나고 감각도 좋아서 전문 푸드 코디네이터가 되기에 손색이 없는 사람이었다.

대학에 다니던 시절, 도모의 하숙집에서 난생 처음 태국의 그린 카레를 얻어먹었다. 그녀는 불과 이십 분 만에 뚝딱 카레를 만들어 냈다. 가지까지 완벽하게 잘라서. 처음 경험하는 맛이었다. 페이스트를 사용했다고는 하나 그 빠른 손놀림은 대단했고, 또 그녀 나름의 섬세한 손맛까지 담긴 맛이었다. 그 후로 도모는 조금도 흔들림 없이 요리의 길을 똑바로 달려왔다.

길거리에서 우연히 만난 그녀가 칼디 커피 팜|도쿄 시모키타자와에 위치한 식료품점.|의 '로열 너츠'를 느닷없이 강력 추천했다. '로열 너츠'는 자잘한 생선과 양념, 견과류가 섞인 태국식 안주 같은 것이라는데, 늘 파는 것은 아니어서 보일 때 왕창 사들인다고 한다.

그러고 보니 도모는 대학 시절에도 멸치 같은 자지레한 생선과 땅콩을 달달하게 볶은 간식을 오물오물 입에 물고 다녀, 젊은 사람치고는 참 희한하네, 했더랬다. 그 전통(?)이 지금도 그녀 안에 살아 있나 보다고 생각하자 왠지 반가웠다.

우연히 마주친 친구와 길거리에 서서 동네에서 파는 맛있는 먹거리 얘기를 나누는 것은 이 세상 행복 중에서도 꽤 상위에 속할 것이다. 굳이 만나자는 약속을 한 후에 정색하고 만나는 일은 좀처럼 없다. 하지만 심심찮게 만난다. 또 보자며 헤어졌는데 금방 마주친다. 전철이나 자동차가 없던 시대의 친구란 그런 존재였겠지, 생각한다. 아는 사람만 만났고, 그래서 아는 사람을 더더욱 소중하게 여기지 않았을까.

어느 날 오후에, '로열 너츠를 팔기에 일곱 봉지 샀다.'라는 문자가 왔다. 과연 견과류와 멸치의 여왕, 아무리 그래도 그렇지 일곱 봉지는 너무 많은 거 아냐, 하면서도 나 또한 네 봉지나 사고 말았다. 정말 태국의 맛이라고밖에는 표현할 수 없는 맛이었다. 태국 라임이 들어 있어서인지, 매워서인지 아무튼 봉지를 뜯는 순간 태국의 느낌이 고스란히 되살아나고, 맥주가 절로 넘어가는 멋진 맛이었다.

매워하면서도 꼬맹이 역시 오물오물 잘 먹었다.

그 밖에 도모는 '칼디에서 파는 다시마 소금과 계란으로 만든 볶음밥'을 전수해 주었는데, 요것도 맛있었다.

혀에 닿은 소금 알갱이가 소리 없이 녹으면서 남기는 뒷맛이 포인트라는데, 괜히 욕심을 부려 파라도 넣으면 금방 그 맛이 사라진다고 한다. 딱 그 두 가지만 넣어야 한단다.

과연 요리의 프로답게 일일이 실험을 하는 데다 불필요한 양념을 더하지 않는 점이 훌륭하다. 요리의 프로를 만날 때마다 느끼는데, 그들은 모두 빼기를 잘한다. 닥치는 대로 더하는 것은 어느 세계에서나 초짜들의 발상인 듯하다.

우리 집에서는 고야|오키나와 특산 채소로 특유의 쌉쌀한 맛이 특징이다.|와 홍당무, 김치와 다진 닭고기로 비빔밥을 만들 때 그 소금을 쓴다. 갓 지은 밥에 참기름을 몇 방울 떨어뜨리고 고명을 얹어 비벼 먹는 것이다.

볶은 홍당무와 데친 고야는 참기름과 소금, 치킨 파우더로 무치고, 다진 닭고기는 간장을 살짝 뿌려 볶는다. 접시에 김치와 함께 밥을 담고 고명을 얹은 후 마지막으로 깨와 한국 김, 실고추를 뿌린다. 그러고는 마구마구 비벼서 커다란 숟가락으로 퍼먹는다.

상큼한 여름 같은 맛이다.

매운 것을 잘 먹지 못하는 꼬맹이에게는 매운맛을 뺀 어린이용 비빔밥을 만들어 준다. 언젠가는 무더운 여름날 꼬맹이와 함께 매운 비빔밥을 먹고 싶다.

3

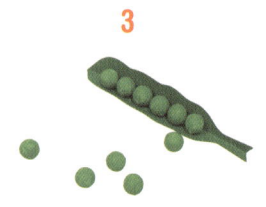

니가타에 있는 여관 '유메야'에서 먹음직스러운 풋콩과 오이, 고기를 보내왔다.

신선한 식품을 보고 있자니 '유메야'에 가고 싶은 마음이 굴뚝같아졌다. 그 여관의 고슬고슬하고 기름진 밥과 아침상에 오른 건어물 반찬의 보들보들한 감촉, 모두가 그립다. 그런 생각을 하다가 노송나무 욕조와 청결한 복도와 젊은 여주인의 웃는 얼굴까지 떠올랐다. 계절 따라 여러 사람들과 다녀왔던 멋진 추억도.

임신 9개월 때, 출산 전 마지막 온천이다 작심하고서 다녀오려 했는데, 아침에 갑자기 열이 39도나 올랐다. 아기에게 부담을 줄까 걱정되어 울며 겨자 먹기로 단념하고서 '유메야'에 전화를 걸었다. "취소 수수료 지불할게요." 했더니 젊은 여주인이 "괜찮아요. 그보다 무사히 아이를 낳으신 후에 오세요. 기다리고 있을게요." 하고 대답했다.

열 살이 안 된 아이는 받지 않는 여관이라 당분간은 갈 수 없겠다고 아쉬워했는데, 머지않아 완성될 별채에는 아이도 묵을 수 있다는 얘기도 들었다.

별채가 완성되는 것이 먼저일지, 아이가 자라는 것이 먼저일지…….

풋콩(소금 간을 살짝 해서 마침 먹기 좋게 적당히 삶은 풋콩이 금방이라도 먹을 수 있는 상태로 진공 팩에 담겨 있었다.)과 오이를 냉장고에 넣어 시원하게 한 후에 가족 모두 함께 먹었다. 신선하고 맛있었다.

아침에 수확한 니가타의 맛을 저녁이면 도쿄에서 음미할 수 있는 시대가 되었지만, 역시 현지로 걸음을 옮겨 온천을 하며 배를 곯린 후에 느긋하게 먹고 싶은 마음으로 '유메야'를 아련히 그려 보았다.

4

시큼한 것에 입맛이 당기는 눅눅한 날씨라서 똠까가이 |코코넛 밀크에 라임 주스와 각종 향신료를 넣은 치킨 수프.| 비슷한 것을 만들었다.

고급스럽게 벚꽃새우와 닭 가슴살로 국물을 내고, 레몬그라스와 태국 생강, 캐퍼 라임 이파리, 월남 고추를 조금 넣고(이렇게만 해도 꽤 맵다.), 라임과 레몬즙을 짜 넣고, 토마토를 듬뿍 넣었다. 그다음은 물론 코코넛 밀크. 숙주도 조금 넣었다.

된장국과 시큼한 수프 중간 정도의 맛이 났다. 진짜 똠까가이보다 훨씬 부드러운 맛이다.

그러고 나서 꼬맹이를 불러 시험 삼아 살짝 먹여 보았더니, "맛없어" 하며 얼굴을 찡그렸다. 너무 어른스러운 맛인

가. 그래도 닭고기는 덥석덥석 잘 먹고, 숙주도 먹었다. 아이가 이렇게 조금씩, 자연스럽게 다른 나라의 맛을 익혀 가면 좋겠다고 생각한다. 무엇이든 먹을 수 있으면 어느 나라에서든 생활할 수 있을 테니까.

갖가지 맛을 알고, 여러 가지로 비교하면서 폭넓은 미각을 지녔으면 한다. 그리고 먼 훗날 엄마가 해 준 음식에 대해서도 '서툰 솜씨였지만 나름대로 좋았다.'라고 생각해 주었으면 싶다.

5

대만 요리는 중국 요리와 기본적으로 거의 비슷하지만, 어딘가 모르게 자유롭고 따스한 느낌이 든다. 중국 본토에 가 본 적이 없어서 그렇게 생각하는지도 모르겠지만.

대만의 시골 음식이나 하카 요리|한족에서 분리되어 나온 하카 부족의 지방 요리.|는 중국 음식점에서 먹는 중국 요리보다 옛날 일본의

맛과 유사하다는 기분이 드는데, 습도가 약간 높은 기후 때문일까. 대만에 일본 사람이 많이 살기 때문일까. 역사적인 사정이 그리 바람직하지는 않지만 일본 사람이 그곳에 살면서 문화가 다소 뒤섞였기 때문일까. 서로에게 요리를 가르쳐 주는 평화로운 장면도 있지 않았을까.

친구인 요코와 어중간한 시간에 일이 끝나, 요기나 하고 헤어질까 하고서 평소 잘 가는 대만 음식점에 갔다. 물만두와 닭튀김과 탄탄면과 공심채 볶음을 주문했다. 모두 맛있었는 데다, 제 손으로 매운맛을 조절할 수 있는 점도 좋았다. 두반장을 각자 좋아하는 만큼 풀어서 먹었다. 만두피는 쫄깃쫄깃했다.

마지막으로 애옥자를 먹었다. 애옥자는 노랗고 탱글탱글한 젤리 같은 것으로 언제 먹어도 정겨운 맛이 난다. 우리 어머니의 고향 근처에 애옥자 가게가 있었던 탓에, 나는 어렸을 때부터 그 별난 이름의 디저트를 잘 알고 있었다. 물론 그것이 대만에만 있는 식물의 속살이라는 것은 어른이 된 후에 알았지만. 일본보다 조금 남쪽에 있는 대만에는 다양한 열대 과일과 신기한 식물들이 많다.

대만에서 매일 먹은 음식 모두가 둘이 먹다가 하나가 죽어도 모를 만큼 다 맛있지는 않았지만, 실망하는 일 또한 거의 없었다. 대만에서 아무리 먹어도 싫증 나지 않았던 음식들의 맛과 그 가게의 맛은 정말 비슷했다. 웬만큼 특별한 가게에 가지 않는 한 거의 엇비슷한 맛. 신선한 야채와 고기의 여러 부위를 잘게 썰어서 휘리릭 볶은 느낌.

대만은 언제 어디서든 그런 음식들을 손쉽게 먹을 수 있는 나라였다.

음식이 그렇다 보면 사고방식도 여유로워지고 삐죽빼죽 모남도 없어질 것 같다. 정성스럽게 사람 손을 들여 마련한 음식을 그렇게 값싸고 맛나게 먹을 수 있다면, 조금 가난하다 한들 그렇게 의기소침해지지는 않을지 모르겠다.

아줌마나 아저씨나 다 서글서글하고, 남은 음식을 싸 가는 것도 마다하지 않아 그 옛날의 일본 같네, 하고 생각했다. 가게 안에 젊은이와 노인들이, 아줌마와 아저씨가 섞여 있는 점도 좋았다.

요즘 일본에서는 "남은 음식, 싸 가고 싶은데요." 하고 말하면 거절당하기가 일쑤라 슬프다.

무슨 일이 생겼을 때 책임 문제가 막중한 요즘, 식중독에 걸리더라도 책임은 질 수 없으니 아예 가져가지 못하게 하자는 뜻일 것이다.

전에 교토에서 올라온 친구가 찻집에서 "초콜릿 브라우니가 남았는데, 싸 가고 싶으니까 알루미늄 포일을 좀 주세요."라고 했다가 "저희 가게에서는 남은 음식 반출을 절대 허용하지 않습니다."라고 단호하게 거절당한 적이 있다. 친구는 "교토에서 온 사람이에요. 다시는 못 올지도 모르는데. 상하기 쉬운 것도 아니고 금방 먹을 거예요. 못 본 척하면 안 되나요?" 하고 부탁하고 애원도 했지만, 가게 사람은 어둡고 무거운 표정으로 고개만 저을 뿐이었다.

아무리 그래도 그렇지, 융통성이 너무 없는 거 아냐, 하면서 둘이 씁쓸한 기분으로 가게를 뒤로 했는데, 아니나 다를까 이듬해 그 가게는 없어졌다.

무척이나 예스럽고, 차이와 카레가 맛있는 인도 스타일의 유명한 가게였는데, 역시……. 즐겁게 일하지 못하다 보니 가게를 접게 된 것일까. 왠지 그런 기분이 든다.

이건 다른 얘기지만 식생활 연구가 우오쓰카 진노스케가 '유난히 체인점을 많이 늘린다 싶은 음식점은 계획 도산의 가능성이 있다.'라는 글을 쓴 적이 있는데, 그런 의도가 있을 수도 있겠다는 것을 처음 알았다. 생각도 못 해 봤는데.

땅을 사람이 사는 곳이 아니라 투자 대상으로만 여기는 사고와 마찬가지로 나로서는 납득하기 어려운 일이다.

요식업이란 '내가 먹는 맛난 음식을 다른 사람과 나누고 싶다. 그것으로 돈까지 벌 수 있다면 더없이 행복하다.'라는 사고에서 출발하는 것이라 여겼기 때문에 슬펐다.

계획적으로 도산할 때까지, 고용되어 그곳에서 매일 일하는 사람들이며 반입되는 식자재와 설비를 생각하면 허망해서 정신이 아득해진다.

내가 너무 순진한 것인지도 모르겠지만, 사업만을 염두에 두지 않은 가게가 많아야 세상이 풍요로워지지 않을까 생각한다. 일상에 녹아드는 가게, 대접해 주려는 가게 쪽이 좋다. 가게 사람들의 일상 속으로 내 편에서 들어가는 쪽을 좋아한다.

사람들 모두가 사실은 그렇지 않을까.

굳이 망하기 위해서 사업을 벌이다니 돈을 신이라고 여기지 않고서야. 신 앞에서 부끄럽지 않기 위해 일을 한다고 생각하면 절대 떠올릴 수 없을 발상이다.

6

오래도록 단골로 드나드는 숯불갈빗집에, 바나나 오피스 스태프들과 친구와 편집자, 그리고 우리 가족 모두가 우르르

몰려가 이것저것 주문해서는 떠들고 웃고 쉬고 마시고 먹고 하면서 긴 시간을 보냈다.

딱히 음식점에서 내 멋대로 하고 싶다는 것은 아니지만, '허용해 주는' 분위기는 참 고맙다.

단골이고 많이 시켜서가 아니라, 오랜 세월의 인연 덕에 이해해 주는 것이라서, 정말로 마음 편히 먹고 웃을 수 있다. 나가서 먹을 때는 점잔을 떨어야 하는 경우도 있다. 물론 점잖은 태도는 외식의 중요한 요소이기도 하지만, 모두 함께 그저 가게 사람들의 건강한 얼굴을 보러 갈 때가 가장 즐겁다.

그 숯불갈빗집에서는 소금과 후추로 간한 양갈비를 내 손으로 느긋하게 구워 먹을 수 있다. 고기 질이 좋아 프랑스 레스토랑에서 먹는 고기만큼이나 부드럽기 때문에 너무 굽지 않도록 조심해야 한다. 정말 호사스러운 기분이 든다.

스태프인 가토 씨가 간장에 절인 고추를 아삭아삭 소리까지 내 가며 아주 자연스럽게 먹기에, 깜짝 놀랐다. 나에게는 고작 1밀리미터 베어 먹고도 맥주를 들이켜야 할 만큼 매운데. 하지만 한국 사람들은 다들 가토 씨보다 훨씬 더 고추를 많이 먹을 것이다.

만두소에 고추가 든 엄청나게 매운 만둣국은 여름에 먹으면 시원하고, 겨울에 먹으면 몸이 따끈해진다. 어느 계절에나 잘 어울리는 음식이다.

"아직 조그맣네! 100센티미터도 안 되네!"

그런 소리가 들려 돌아보니, 가게 사람들이 우리 꼬맹이 키를 재고 있었다. 키 재는 자를 붙인 기둥에 바짝 붙여 세워 놓고, 매직펜으로 이름과 날짜까지 기록해 주었다.

남는 것이어서, 왠지 기뻤다. 그 가게에 찾아오는 많은 아이들의 이름과 키와 함께 새겨진 것이.

우리 꼬맹이를 마치 친척처럼 귀여워해 준 것이.

그러고 보니 우리 꼬맹이를 낳고 처음 왔을 때, 아저씨 아줌마는 피붙이처럼 반가워하며 줄곧 벙실거렸다. 젖을 물린 채 미역국도 먹었다.(산후에 좋답니다. 축하한다며 특별히 끓여 줬지요.) 그런 많은 기억들이 떠오른다.

기르던 개 러브가 죽어 갈 때도, 집에서 제일 가까운 그 가게에 갔다.

아침부터 러브 옆을 지키느라 배를 쫄쫄 곯다가, 딱 한 시간 틈을 내어 뜨끈뜨끈한 국밥을 뚝딱 먹고 돌아왔다. 돌아가면 아직은 그 아이가 기다리고 있을 테지. 하지만 시간 문제라는 것을 알고 있었다. 고개를 숙이면 눈물이 뚝뚝 떨어질 것 같았다. 가게 사람들은 사정을 알고는 얼른 밥을 차려 주었고, 러브는 그 한 시간을 버텨 주었다.

자, 이제부터 또 간병을 해야지. 오늘 밤도 넘겨 주면 참 좋을 텐데.

   그런 생각을 하면서 러브 옆에서 늘 그랬던 것처럼 양말을 갰다. 건넌방에서는 꼬맹이와 아빠가 조잘대는 소리가 났다. 어떤 예감이 들었는지 언니가 전화를 걸어 "러브와 얘기하고 싶어."라고 했다. 나는 러브의 귀에 수화기를 대 주었다. 언니는 "꼭 또 만나자."라고 했다. 러브는 안심하고 길을 떠나기로 한 것이리라. 그리고 이내 숨을 거두었다. 사랑하는 러브의 마지막 순간은, 그렇게 행복했다.

   그때 허겁지겁 먹었던 국밥의 맛은 이 추억들 모두에 어린 사랑의 맛이었다.

7

가정부는 그 개념만으로도 애처롭다.

   언제까지나 함께 있을 수 없다는 것을 암암리에 알기 때문이다. 친구는 아닌데도 일상을 공유하고, 헤어지는 때도 스스로는 결정할 수 없다.

나는 가정부 손에 자라지 않았다. 친정이 가정부를 고용할 여유가 없었던 데다 우리 가족은 남이 집에 있는 것을 그리 좋아하지 않아서였다. 언니가 나를 많이 돌봐 준 덕분에 필요도 없었으리라.

많이 연로해 몸이 불편한 친정 부모님은 지금 언니가 보살피고 있다. 일을 하면서 꼬맹이를 키우고, 집안일까지 다 할 수 없는 나는 여러 사람들에게 조금씩 도움을 받는다.

내가 현장 감독이라면, 우리 집은 늘 사람들이 부산하게 드나들며 작업하는 공사 현장 같은 곳이다. 아직도 그런 환경에 익숙지 않다. 물론 창작에도 그리 좋다 할 수 없다.

하지만 인생 전체를 놓고 보면 이런 시기가 있는 것도 나쁘지 않고, 이렇게 의미 없이 시끌시끌한 것도 꼬맹이가 자라는 한때일 것이라 생각하면 괜찮다.

우리 집에서 일한 가정부 중에는 정말 말도 안 되는 사람도 있었지만, 훌륭한 사람도 참 많았다.

피차 사람이다. 그 점을 간과하면 아무것도 성립하지 않는다. 인간을 그저 기계 다루듯 시간당 급료와 일이라는 틀에 끼워 맞추면, 그 때문에라도 불만이 생긴다. 나 같으면 어떤 조건에서 견딜 수 있을까를 언제나 생각하지 않으면 성의 있는 도움을 받을 수 없다. 일에 익숙해져도 긴장을 늦추지 않고 언제든 깍듯하고, 일이라는 의식을 놓지 않아야 한다는 조건을 충족한 후에야 겨우 마음을 허락한다.

그러니 역시 어렵다. 장기적으로는 불가능한 시스템이다.

그러나 만약 관계가 순조로우면, 가정부는 때로 친정 엄마처럼 듬직하고, 때로는 즐거운 시간을 함께 보내는 이웃 사람처럼 푸근하다.

물론 함께 지낸 짧은 시간 속에서 불꽃처럼 빛나는 한순간일 뿐이지만, 그것도 기억에 남는 추억이다.

얼마 전, 고양이를 병원에 데려가려는데 책상 밑에 들어가 숨는 바람에 이러지도 저러지도 못한 적이 있었다. 보다 못한 가정부 M 씨가 방에 들어왔다.

둘이 조심조심 고양이 몸 밑에 그물을 밀어 넣었다가 당기고서, 한 사람이 장갑을 끼고 기다렸다가 잡기로 했다. 고양이의 심신에 스트레스를 주지 않도록 살며시 몸 아래에 그물을 밀어 넣기까지는 했는데, 고양이가 생각보다 무거워 움쩍도 하지 않았다. 고양이는 그물을 깔고 앉은 채 마냥 느긋하게 숨어 있다.

잡히려나 했던 긴장감이 풀려 우리 둘은 얼굴을 마주 보고 깔깔 웃었다.

"이렇게까지 안 나오는데 웃기라도 해야죠."

M 씨는 그렇게 말했다. 그녀는 브라질에서 오래 산, 성격

이 서글서글한 사람이다. 러브가 죽어 갈 때 우리 집에 처음 왔다. 그리고 강아지의 죽음이 머지않았다는 것을 금방 알아차렸다.

"인생에는 갖가지 일이 많아요. 힘겨운 때도 있고요."

상황을 이내 파악해 주어 무척 고마웠다. 일을 끝내고 돌아갈 때면 언제나 "러브, 몸조리 잘해."라고 말해 주었다.

필리핀 사람인 E 씨에게는 계란밥을 만들어 달라고 부탁한다. 그녀가 해 주어야 할 일이 많아 아주 가끔씩이지만, 그 덕분에 지금까지 몰랐던 여러 가지 맛을 알게 되었다.

아도보 |식초와 월계수와 간장 양념에 고기를 조린 것.|, 카레카레 |땅콩버터 소스에 고기와 채소를 조린 것.|, 생강으로 맛을 낸 닭죽, 계란과 함께 납작하게 구운 가지, 파스타에 채소를 곁들여 크림과 함께 부글부글 끓인 것 등등.

엄마의 손맛이라 모두 맛있었다. 필리핀 현지 레스토랑에서 먹는 것보다 훨씬 맛있을 것 같다. E 씨가 자신의 아이들을 먹여 키운 가정의 맛이다.

우리 꼬맹이가 언젠가 필리핀에 갔다가 레스토랑에서 이 요리들을 먹는다면 뭐라 표현할 수 없이 옛날을 그리워하리라. 어디선가 먹어 본 맛인데, 하고 생각하리라.

그 느낌은 그 아이의 인생에 아주 풍요로운 밑바탕이 될 것이다.

바 나 나 키 친

8

 식사 때인데 모두(세 명 이상) 같이 보고 싶은 프로그램이 있는 밤이면 식탁에 반듯하게 앉아 먹을 수 없다. 프로그램이 진행되는 사이의 광고 타임에 얼른 먹을 수 있다면 가장 행복하겠다.
 그렇게 생각하고서 먹다 남은 밥으로 두 가지 주먹밥을 만든다. 바질과 치즈를 넣은 주먹밥과 매실 장아찌와 간장을 살짝 떨어뜨려 버무린 가쓰오부시를 넣은 한국 김 주먹밥.
 그다음은 가지와 무를 넣어 끓인 된장국이랑 계란말이면 된다.
 그리고 텔레비전을 보면서 각자 먹고 싶을 때 식탁에 가서 후딱 먹었다. 피크닉 같아서 즐거웠다. 어른이 되어서도 이렇게 적당히 먹는 식사가 가장 즐겁다.
 언제나 이렇게 밥을 먹는다면 멋없을지도 모르겠지만, 어린아이들이란 오랜 시간 반듯하게 앉아 있을 수 없기 때문에 금방 먹을 수 있는 음식을 좋아하는 모양이다. 물론 내가 어렸을 때도 그렇게 생각했다. 어른들은 어떻게 그렇게 오래 앉아서 얘기할 수 있는 것일까, 하고.

아버지가 한밤중에 '나가타니엔의 오코노미야키 가루'라는 것으로 만들던 오코노미야키는 고기나 양배추 같은 아주 기본적이고 중요한 재료가 하나도 들어 있지 않아 사실은 조금도 맛이 없었지만, 한밤중에 먹는다는 것만으로도 맛있었고 그 시간도 즐거웠다.

양파와 소스 딱 두 가지로 만든 필라프도 잊을 수 없다. 뭐가 되었든 '아빠가 손수 만든 것을 한밤중에' 먹는다는 것만으로 캠프 같은 기분이 들었다.

꼬맹이는 "밥, 밥."이라면서 주먹밥의 귀퉁이만 먹었다.

치즈는 입에 넣었다가 뱉어 내서 강아지에게 떨궈 주었다. 정말 편리한 시스템이다. 강아지는 의자 밑에서 늘 기다리고 있다가, 뭘 주든 허겁허겁 먹는다. 다만 이 결탁에 충분한 주의를 기울이지 않으면, 강아지는 금방 돼지가 되어 버린다.

그러면 안 돼, 하고 화를 내고 싶지만, 그래 오늘은 캠프니까 허락해 주지 뭐, 해 버린다. 나 역시 밥풀이 묻은 손을 앞치마에 닦고 있고, 된장국도 머그컵에 담았고, 계란말이도 손으로 집어 먹고 있으니까!

캠프란 그런 것이다.

9

도쿄의 슈퍼마켓에는 흔히 '대지의 은총'이니 '자연의 선물'이니 하는 선전 문구와 함께 팔리는 상품이 있는데, 시골에 가 보면 사람들이 그런 상품에서 무얼 얻고 싶어 하는지 그 진정한 의미를 알 수 있다. 아무리 멋진 이름이 붙어 있어도, 도쿄에서는 절대 얻을 수 없는 기운 같은 것이나마 원하는 것이리라.

시골의 불편함이나 갑갑함을 메워 주는 것은 오직 자연의 풍요로움이라고 생각한다.

터져 나갈 듯 탄력 있고 기운찬 채소와 생선이 넘쳐 나고, 공짜나 다름없는 가격에 신선한 것들을 먹을 수 있고, 커다란 저녁 해나 환하게 빛나는 바다를 볼 수 있다는 것. 그것만으로도 충분히 시골 생활의 갑갑함에서 벗어날 수 있다.

그 갑갑함을 역으로 이용한 것이, 백화점이 아닐까 싶을 정도로 거대하고 땅도 넓게 차지한 슈퍼마켓과 파친코 체인점이라고 생각한다. 시골에 살면서도 그곳에 가면 도시의 오락을 잠시 엿볼 수 있다고 할까.

그런 현상들을 보고 있노라면, 없는 것을 내놓으라고 생떼를 부리는 인간의 심리가 세상 경치에 명확하게 반영되고 있다는 생각이 든다.

  고치에 갔을 때 일이다. 여관 매점에서 큼지막하고 달아 보이는 수박을 팔기에 군침을 삼키며 쳐다보고 있었더니, 여관 언니가 생글생글 웃으면서 "사시면, 저녁 식사 때 디저트로 준비해 드릴게요."라고 해서 그렇게 하기로 했다. 달고 맛있어서 모두 열심히 먹었는데도 절반이나 남았다. 여관 사람이 "아까우니까 가져가세요. 우리 여관의 자랑이거든요." 하며 수북한 얼음과 함께 비닐 주머니에 담아 차에 실어 주었다. 점심때도 먹었지만 그래도 남아서 다음 여관에 사정 얘기를 했더니, 그 여관에서도 저녁 식사의 마지막에 자른 수박이 나왔다.

  고치 사람들의 친절한 마음씨 덕에 손에서 손으로 이어진 수박의 신선한 맛을 지금도 잊을 수 없다.

  그 사람들은 그렇게 맛나는 수박을 언제나 먹을 수 있어 그렇게 너그럽고 여유로운 것이리라.

10

 가게 험담은 쓰지 않겠노라 생각했는데, 동네에 있는 조그만 이탈리안 레스토랑의 작태가 너무 흥미로워 그만 쓰고 만다.

 남편과 런치를 먹으러 가서 생토마토 어쩌고 하는 파스타를 주문했는데, 두 접시에 토마토가 절반씩 딱 한 개밖에 들어 있지 않았다. 열심히 찾지 않으면 보이지도 않을 정도. 그럴 거면 메뉴 이름에 넣지나 말지, 하고 말은 하지 않았지만 둘이 동시에 생각했다.

 그리고 내가 "산 펠레그리노 주세요."라고 했더니(메뉴에 그렇게 쓰여 있었다.), 다른 나라(이탈리아도 아닌)의 탄산수가 나왔다. 뭐 종류야 같으니 괜찮다 쳐도 맛은 서로 전혀 다르다. 다른 것을 가져오려거든 미리 양해를 구해야 하지 않나 생각한다.

 우리가 궁상맞게 하고 있어 업신여긴 거겠지만, 동네에 있는 카페 겸 이탈리안 레스토랑에 반듯한 차림으로 오는 사람이 더 이상하다. 하지만 그 가게는 손님들이 다소 분위기를 잡고 와 주기를 원하는 것이리라. 그런 쪽도 나쁘다.

점원들은 아주 오래전 '손님의 테이블에 그릇이나 잔을 내려놓을 때에는 숨을 가다듬고 나서'라고 배웠는지, 접시를 내려놓을 때 "흡!" 하는 소리를 내며 숨을 들이쉬었다. 깜짝 놀라 쳐다보았더니 남편 쪽에도 "오래 기다리셨습니다, 흡!" 하고는 접시를 내려놓았다.

한동안 그 "흡!" 소리가 집안에서도 유행했다.

그리고 이래저래 그 가게에서 발길이 멀어지고 말았다. 모양새가 후줄근한 우리는 가지 않는 편이 좋을지도 모르겠다고 주눅이 든 것이다.

늘 가는 단골 태국 음식점은 젊은 부부가 꾸려 나가는데, 부인이 그 가녀린 팔로 상상이 안 될 정도로 힘차게 프라이팬을 흔들며 뭐든 후딱후딱 만든다. 맛있고 성격도 좋아서 언제나 손님이 북적거린다. 너무 바쁠 때에는 서빙을 담당하는 남편도 정신이 오락가락하지만 프로 의식은 확고해서 "오래 기다리셨죠, 죄송합니다." 하고 꼭 말해 준다.

그곳은 "흡!"도 없고 별스런 예절도 요구하지 않는 대신, 가게 앞을 지나만 가도 젊은 부부가 웃는 얼굴로 손을 흔들어 준다. 단골이나 처음 가는 손님이나 똑같이 편안하게 맛있게 밥을 먹을 수 있다.

아이가 있어 매일 멋부리고 있을 수 없어서인지, 아니면 서민적인 동네에서 자란 탓인지 나는 그런 가게가 좋다.

물론 그렇지 않은 사람도 있으니까, 오늘도 세상은 순조롭게 돌아가는 것이리라.

11

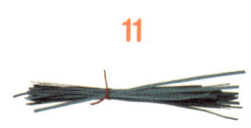

푸드 스타일리스트인 호리이 가즈코 씨의 유명한 레시피에 문어밥이라는 것이 있다.

문어와 마늘이 주재료에 살짝 간장 맛이 나는 밥인데, 오늘 오랜만에 그 밥을 만들었다. 나 혼자 생각으로 만들면 괜히 재료를 더 넣고 싶어질 듯해서 호리이 씨의 레시피를 충실히 따랐더니, 남의 집에 초대받아 먹는 밥처럼 맛있어졌다.

호리이 씨 고마워요. 오늘 우리 집 밥을 맛나게 해 주셔서.

다카야마 나오미 씨나 다카하시 미도리 씨, 히라마쓰 요코 씨, 야마모토 레이코 씨 등 훌륭한 요리 연구가에게도 똑같은 마음을 품고 있다. 그들은 먹거리에 대한 자신들의 모험과 실험 결과를 공유하는 너그러움과 용기를 지닌 사람들이며 우리 집의 음식 맛을 남의 집 음식 맛으로 바꾸는 기막힌 마법도 제공해 준다.

다카야마 씨와 다카하시 씨는 친구의 친구라서, 파티 같은 곳에서 우연히 마주치면 엄청나게 긴장한다. 더욱이 다카야마 씨는 그녀가 나카노의 '카르마'란 레스토랑에서 일할 때 몇 번 초대되어 밤늦게 춤까지 같이 춘 사이인데 그렇게 긴장하는 것이 바보스럽기도 하지만, 언제나 책을 옆에다 놓고 요리는 하는 처지이다 보니 굉장히 소중한 사람이라고 머릿속에서 제멋대로 반응하는 듯하다.

아니, 배 속에서 그러는 건가?

호리이 씨의 문어밥은 밥을 한 번 볶는 것이 필수다. 품이 들지만 볶고 나면 맛이 훨씬 좋아진다.

안면은 없어도 책은 좋아하기 때문에 예전부터 몇 권씩이나 갖고 있다. 호리이 씨가 그녀의 남편과 함께 몇 번이나 먹었을 이 문어밥을 생각하면 내 집에서 먹을 때도 왠지 애틋한 기분이 든다.

꼬맹이도 오물오물 잘 먹었다. 차조기 이파리만 쏙쏙 밀어 내놓고서. 언젠가 차조기 이파리도 먹을 수 있게 되면 좋겠네, 하고 생각한다. 뭐니뭐니해도 이 레시피에서는 차조기 이파리가 중요하니까.

12

 근처에 내가 '언니들의 가게'라 부르는 카페가 있다.

 작년 여름 러브가 죽어 거의 얼이 빠져 있을 때, 몇 번이나 그 언저리에 산책하러 갔다.

 가장 큰 목적은 문 닫을 시간이 얼마 남지 않은 전통찻집에서 녹차를 마시면서 만주나 쌀 과자를 먹고서 하루를 어떻게든 끝내는 것이었다. 마음속으로 그렇게 정하면, 문 닫기 전에 가야 한다는 목표가 생긴다. 그러지 않고서는 하루가 끝나지 않았다. 러브가 없는데도 평소와 다름없게 밤이 온다는 것이 허무해서 견딜 수 없었다. 그 정도로 허전했다.

 낮에 산책을 나가면 늘 '언니들의 가게'에서 빙수를 먹었다. 때로는 망고, 때로는 카시스와 백도를 넣은 어른스러운 맛의 빙수를 먹고서 햇살이 쨍쨍하게 내리쬐는 거리로 유모차를 밀며 나서면, '울고만 있었던 것은 아니야, 오늘도 이렇게 움직였으니까, 그리고 맛있는 빙수도 먹었고. 난 괜찮아.' 하는 느낌이 들었다.

 마음씨가 곱고 너그러운 언니들. 아이에게 유난스럽게 잘

해 주지도 않지만, 아이가 장난을 쳐도 화내거나 눈살을 찌푸리지 않는다. 굳이 부탁하지 않아도 어린이용 귀여운 접시와 포크와 스푼도 갖다 준다. 가게를 나설 때는 아이를 들여다보며 잘 가라는 말도 해 준다.

그 전통찻집과 '언니들의 가게'가 없었다면, 과연 시모키타자와 근처로 이사를 했을까? 아니, 아마 이사 하지 않았을 것이다. 그만큼 가까운 곳에 있는 따뜻하고 좋은 가게는 소중하다.

13

내가 다니는 훌라 댄스 교실 옆에 한국 음식점이 있다. 가족끼리 꾸려 가는 가게로 꽤 맛있는 한국 음식을 먹을 수 있지만, 손님이 많을 때에는 한참을 기다려야 음식이 나오곤 한다.

그런 것을 알면서도 주문하는 긴장감이 상당히 쏠쏠하다.

모두 똑같은 메뉴를 주문하거나, 시간이 걸리지 않을 음식이 뭘지 음미하거나, 다른 손님이 들어오지 않기를 기도하는 등, 꽤 즐겁다.

그런데 일본 사람이 하는, 일본 사람에 의한, 일본 사람을 위한 가게인 경우 우리 쪽의 기분도 왠지 달라지니 신기한 노릇이다. 한국 사람들이 인간미 넘치는 웃는 얼굴로 사과하고, 허둥대는 모습을 있는 그대로 보이면서 어떻게든 맛있는 음식을 준비하려는 노고가 보이기 때문에 시간이 걸려도 인내하고 만다.

셋이서 흑초 사워를 주문했는데, 한 잔에는 알코올이 전혀 들어 있지 않고 두 잔에만 엄청 진하게 들어 있었지만, 그런 일마저 즐길 수 있었다. 껄끄러운 가게였다면 씩씩거리며 화를 내야 할 상황이었지만. 너그러움이란 상호 작용이로구나, 하고 고개를 끄덕였다.

오늘날의 일본에 필요한 것은 어쩌면 그런 느낌인지도 모르겠다.

14

어린아이라고 해서 어쭙잖게 대하면 반드시 전해진다.

너저분하게 대충 담거나 양념을 적당히 하면 먹지 않는다. 또 엄마가 바빠서 식사 준비를 못하면 먹는 것 자체를 거부하기도 한다.

아이가 생긴 후 가장 끔찍하다 여긴 것은, 그런 경우까지 포함된 엄마라는 존재의 절대적인 권력이다. 이 권력은 마음만 먹으면 얼마든지 나쁜 방향으로 사용할 수 있다. 뜻대로 되지 않으면 밥을 짓지 않는다든지, 반대로 도망칠 수 없을 정도로 만들고 또 만들어 식탁에 붙들어 매 둔다든지, 어떤 짓이든 가능하다.

정말 무서운 일이다.

하지만 권력이 있다는 것을 스스로 자각하고 있다면 그 덫에 걸려들지 않고 침착하게 지낼 수 있지 않을까 생각한다. 만약 자신감이 없거나 스스로를 등한시한다면, 무슨 일이 생길 때 이상한 방향으로 힘을 행사하게 될 것이다.

오늘은 여유가 있어서 음식을 몇 가지 만들었다. 친구에게서 받은 맛있는 올리브 오일과 암염과 후추를 뿌린 토마토, 살짝 쪄서 고치의 우마지무라에서 사 온 폰스〔동자 열매의 즙으로 만든 소스.〕를 뿌린 덩굴강낭콩, 남플라로 양념해서 개운하게 조린 양배추와 유부(다카야마 나오미 씨의 레시피다.), 그리고 큼지막한 닭고기 토막을 사용해 나폴리탄 스파게티를 만들었다. 피망도 듬뿍 넣고 나폴리탄의 원래 방식대로 케첩으로 맛을 냈다.

꼬맹이가 자고 있어서, 그것들을 커다란 접시 하나에 예쁘게 담아 두었다.

꼬맹이가 일어난 후에 접시를 식탁에 올려놓았더니, "없어! 꺼내!"라기에 대체 뭐가 없는 거지, 하고 생각했는데, 꼬맹이 전용 포크가 놓여 있지 않은 게 마음에 안 들었는지 제 손으로 서랍을 열어 가져왔다. 그러고는 오물오물 냠냠 먹었다.

그렇구나, 예쁘게 담겨 있으니까 포크도 평소처럼 설거지해 둔 아무것이나가 아니라 자기 것이 있어야 하는구나, 생각하니 웃음이 나왔다.

15

집에서 조금 떨어져 있지만 그래도 걸어갈 수 있는 거리에 오키나와 메밀국숫집이 있다. 오키나와 메밀국수와 단출한 오키나와 요리를 파는 정식집. 아주 유명해서 관광객도 온다. 하지만 주로 그 언저리에 사는 동네 사람들이 세트 메뉴를 먹으러 가는 곳이다. 가격도 부담스럽지 않고.

그 옆에 카페 레스토랑 '가스토'가 있다.

'가스토'에는 별다른 불만이 없지만, 이 상황에서 '가스토'에 가는 사람이 많다는 것도 참 신기하다. 하기야 냉동식품보다는 맛있지만. 편하기도 하고, 값도 싸고, 햄버그스테이크도 있으니, 어쩔 수 없다.

그러나 오키나와 메밀국숫집은 그런 것과는 상관없이 장사가 잘 되고 있다.

이런 말로 그 가게의 좋은 점이 제대로 표현될지 모르겠지만, '오키나와에서도 엄청나게 맛있는 오키나와 메밀국숫집'이라기보다 '오키나와의 이렇다 할 것 없는 평범한 맛을 보여주는 가게'라서 더욱이 좋은 곳이다.

눈이 반짝 뜨일 만큼 상냥한 것도 아니지만 그렇다고 아주 쌀쌀한 것도 아니다. 인사도 빠짐없이 해 주고, 아이에게도 그런대로 친절하다. 물론 모든 재료는 신선하고 음식은 갓 만들어 낸 것이다. 입구에서 식권을 사는 것도 편하다. 적당히 골라 서로 바꿔 가며 이것저것 먹을 수 있다는 점도 좋다. 타코 라이스|나초, 고기, 치즈 등을 넣은 오키나와 퓨전 요리.|와 찬푸르|채소와 두부를 함께 볶은 오키나와 전통 요리.|도 있어, 뭘 먹을지 고민하는 것도 즐겁다.

그곳에는 오키나와에 있을 때 매일 느꼈던 당연한 편안함이 있다.

그 가게 사람들은 도쿄에서 음식점을 하는 사람들에게서 흔히 보이는 과도한 자부심은 갖고 있지 않아도, 일을 인생의 소중한 부분이라 여기고 있으며 부지런하지만 앞날에 대한 분에 넘치는 야망 따위는 품고 있지 않다. 살아가기에 필요한 일을 무덤덤하게 할 뿐, 인간으로서 잘못된 것은 조금도 없다는 느낌의 식당. 예스러운 느낌.

그것이 진짜로 편한 나머지 술을 신나게 마시는 것은 아니고, 시원한 맥주를 마시며 후르륵 먹고서 돌아오는데, 마음에 아무런 스트레스가 남지 않는다. 평소 스트레스를 의식하지 않지만, 정작 없는 경우를 경험해 보면 자기 가게의 꿈이나 이상을 손님에게 강요하는 곳이 의외로 많다는 것을 알게 되는 것 같다.

꼬맹이가 그 가게에서 거부감 없이 먹었던 모즈쿠|오키나와 특산 해조류|와 메밀국수의 맛을 잊지 않았으면 좋겠다.

평소 생활 속에서 모두 함께 나눠 먹었던, 당연하게 거기 있는 당연한 식사, 그 이상도 그 이하도 아닌 장면으로.

16

망에 든 마늘을 대량으로 사들였는데, 시간이 지나 조금씩 쪼글거린다는 것을 알면서도 아직은 충분히 먹을 수 있는 상태라서 날마다 그냥 먹었다.

우리 집은 마늘을 엄청 많이 먹는다.

누레진 부분은 잘라 내고 진드기가 낀 곳을 씻어 내고, 쪼글거리지 않는 부분과 튀어나온 싹은 잘게 저미고, 아무튼 열심히 먹었다.

더는 안 되겠다 싶은 시점에 곰팡이가 껴 세 쪽쯤 버렸는데, 그렇게까지 버틴 후에 버린 것이 억울할 정도였다.

새 마늘이 왔기에 늘 하던 대로 껍질을 빠득빠득 벗기고 라타투이|프랑스 남부의 야채 스튜 요리.|를 만들었다. 라타투이는 며칠이 지나도 상하지 않고, 시원하게 먹어도 맛있고, 파스타나 피자에도 사용할 수 있는 데다, 먹다 남은 여름 채소는 뭐든 쓸 수 있으니, 이 얼마나 좋은 요리인지 모르겠다. 이 요리의 주역은 토마토와 마늘과 시간이다.

채소가 보글보글 끓으면서 국물이 생길 때까지의 긴 시간, 그것이 자연스레 식어 가는 시간, 냉장고에 넣어 더 식히는 시간. 무엇보다 그런 시간이 중요하다.

새로 온 마늘은 껍질까지 딴딴해서 껍질과 속살이 잘 분리되지 않을 정도였다. 탱글탱글한 속살, 맵싸한 맛과 정말 신선한 향이 났다.

아, 이런 게 마늘이었지, 하고 떠오를 만큼 신선했다.

사람들이 갓난아기를 무조건 좋아하는 것도 어쩌면 이와 비슷한 느낌인지 모르겠다.

나도 나이를 먹으면 벌레가 끼고 껍질이 늘어지고 곰팡이가 끼기도 하리라.

요즘 세상 남자들이 어린아이들에게 굉장히 집착하는 것은 자신에게 여유가 없고 또 새로움에 의존하고 싶어서겠지, 하는 생각이 문득 떠올랐다.

17

　모두 함께 간 여행에서 나와 친구만 아니사키스증|해산물에 의해 감염되는 기생충 질병의 일종.|에 걸렸다. 고등어가 범인이었다. 항구의 어물전에서, 갓 잡아 펄떡펄떡 뛰는 고등어를 그 자리에서 회를 떠 팔기에 사 먹었는데…… 뒤탈이 있었던 것이다.

　친구의 위에 나타난 증상과 똑같은 증상이 열 시간 후에 내 장을 찾아와서 재미있었다. 인간의 몸이란 참 정확하네, 대충 넘어가 주지 않네, 하는 느낌마저 들었다.

　아무튼 콕콕 찌르는 듯 찌릿찌릿한 통증이 밀려왔다가는 잠시 후 언제 그랬느냐는 듯이 사라졌다. 그러고는 또 다시 찌릿찌릿 밀려온다. 그러기를 몇 번 하다 보니, 통증이 완전히 사라졌다. 인터넷으로 검색해 보았더니, 위경련만큼이나 아프다고 한다.

　하지만 나는 '이거 진통과 비슷한데, 그래도 진통만큼은 아니지.'라고 생각하며 꽤 아팠는데도 견뎌 냈다. 아직 경험이 없지만 위경련 역시 견뎌 낼지도 모르겠다.

　엄마는 강하다!

남자인 그 친구는 "아윽, 구급차 부르고 싶다! 어떻게 하지." 하며 엄살을 떨었다. 후후후.

그리고 정말 말하기 민망한데, 며칠 후 화장실에서 '어라! 내가 당면을 먹었나?' 하고 의심할 만한 것이 나왔다. 당면이라면 소화되었을 텐데, 하고 생각하다가 깨달았다.

'벌레가 관통한 거잖아! 내 몸을!' 생각했다. 아, 충격적인 체험이었다. 그리고 왠지 모르겠지만 '내가 이겼어! 벌레의 공격을 이겨 내고 살았어!' 하고 생각했다. 바보스럽지만, 원초적인 기쁨이었다.

18

점심 준비를 하려고 오이를 썰고 있었다.

썬 오이를 우마지무라에서 사 온 폰스(고치에 다녀온 후로 종종 사용한다.)에 버무렸다. 차조기 이파리를 잘게 썰어 넣고 참기름을 살짝 떨어뜨린 후에 다시 버무린 간단한 샐러드다.

말이 조금 는 꼬맹이가 오이를 보고서 "오이 먹고 싶어!" 하기에 썬 오이를 세 쪽 정도 집어 먹게 해 주었더니 "오이, 맛있네!" 하고 말했다.

　싱크대 쪽에 떨어져 있는 오이 꼭지를 집어 먹으려 해서 "그건 안 돼."라고 하자 "이 오이는 안 돼."라며 내 말을 되풀이했다.

　그리고 볼에 버무려 놓은 오이를 가리키며 "이건 먹어도 돼!" 하고 스스로 허락하는 것이 우스워서 손으로 집어 먹게 그냥 놔 두고 말았다.

　이렇게 어떤 상황에서 어떤 말을 사용하는지를 하나하나 배워 가는 거로구나, 생각했다.

19

　두 살 반짜리 꼬맹이가 좋아하는 음식은 제 손과 입으로 먹기에 적당한 크기의 것. 그리고 면류다.

뭐가 되었든 귀찮은 것은 먹기 싫어한다. 그래서 스낵 과자를 좋아하는구나 싶다. 스낵 과자의 크기가 어린아이에게는 최선의 크기인 것이다. 철저하게 계산된 거였어. 얄미울 정도다.

그래서 요즘 아침밥은 대체로 한입에 먹을 수 있는 주먹밥이나 한입 크기의 모닝 빵과 말린 과일, 견과류와 요구르트다. 쟁반에 담긴 이것들을 보면 마치 옛날 동화 같다는 생각이 든다. 그리고 무언가와 비슷하다는 생각. 그러다 떠올랐다.

이탈리아에서 먹은 아침 식사와 비슷하다.

이탈리아 사람들은 아침밥을 잘 챙겨 먹으면 몹시 놀란다. 카페라테만 마시는 사람도 많다. 과일 하나 먹지 않는다. 그러고는 점심때는 비교적 꼼꼼하게 챙겨 먹는 사람이 많다. 낮잠 자는 시간이 있는 나라 사람들의 사고다.

아침부터 밥과 된장국이나 생선 구이를 먹는 일본 사람 입장에서는 '그런 과자 같은 것을 아침으로 먹어서 힘이 나려나!' 싶고, '그렇게 점심을 많이 먹고도 졸리지 않으려나?' 싶을 것이다.

이탈리아 사람들 입장에서는 반대로 '아침부터 그렇게 더부룩하게 먹다니, 다시 잠들어 버리지 않으려나!' 싶지 않을까.

각 나라 사람들이 오랜 세월에 걸쳐 키워 온, 그리고 서로가 당연하다고 여기는 습관들은 정말 흥미롭다.

20

 언니와 나는 언제나 소소한 일에 그 중요한 텔레파시 능력을 소모하고 있는 듯한 느낌이 든다.
 어느 날 아침에 일어난 나는 '아, 오늘 저녁밥은 남은 닭고기와 생선으로 탄두리 치킨|향신료와 요구르트로 양념하여 구운 인도 전통 닭요리.|과 피시 티카|생선을 향신료에 재워 구운 인도 전통 요리.|를 만들어야겠다.' 하고 생각했다. 아침에 눈뜨자마자 그런 생각을 했으니, 곧바로 향신료에 재워 두지 않으면 저녁때에 맞춰 먹을 수 없다.
 대충 여덟 시간 정도 재워 두었다가 닭고기는 오븐에, 생선은 프라이팬에 튀기듯이 구워 먹었다. 닭고기만 먹고서도 배가 불렀다.
 저녁 식사를 끝내고 언니에게 전화를 걸어 "내일 야키소바 만들어 줘."라고 했다.
 "왜?"
 "저번에 만들어 주겠다고 했잖아."
 "그런데 그게…… 조금 전에 야키소바가 먹고 싶어서 만들었거든. 지금, 내 눈앞에서 아버지가 야키소바 먹는 중인데."

"뭐? 알았어. 그럼 다음에 만들어 줘."

"알았어, 알았어. 야키소바도 만들어 줄게."

"야키소바도라니, 내일 뭐 만들 생각이었는데?"

"양고기 탄두리."

"뭐라고? 오늘 저녁 온통 탄두리였단 말이야!"

"뭐야, 대체! 벌써 재워 놓았는데!"

"할 수 없지 뭐."

"그럼, 피차 다음을 기약하자."

이런 일이 정말 심심찮게 벌어진다.

전화를 끊기 전에, 이 초능력을 좀 더 의미 있는 일에 사용할 수는 없을까, 하고 진지하게 이야기했다.

21

우리 집 근처에 모리 마리 |森茉莉. 일본의 작가. 독특한 미의식이 돋보이는 에세이로 사랑받았다.| 선생이 매일 다녔던 찻집이 있다.

모리 마리 선생은 늘 똑같은 자리에 앉아 홍차 한 잔을 시켜 놓고서 시간을 보내는 것도 모자라, 다른 음식점에 음식을 주문하기까지 했다고 한다.

대체 어떤 곳일까? 호기심에 두근거리며 가 보았더니, 찻집을 운영하는 부부는 그 시절 건강한 모습 그대로였다.

그들은 손님이 오면 우선 '그냥 동네 사람인지, 미소라 히바리|美空ひばり. 일본의 국민적 엔카 가수.|의 팬인지, 모리 마리 선생을 좋아하는 사람인지, 마술을 공부하는 사람인지'를 판단한다. 그렇다. 이 찻집은 기본적으로 전국 각지에 있는 매직 카페 중 한 곳이다. 체인은 아니고, 구니타치에 있는 스승님에게 반한 사람들이 각지에서 같은 이름으로 시작한 찻집이라고 한다. 참 멋진 얘기다.

커피 안미쓰|팥소에 과일, 한천 등을 곁들인 당과.|를 주문했다. 커피 맛이 짙게 나고 정말 맛있었다. 부인이 웃는 얼굴로 설명해 주었다. 가게 안은 민속 공예품과 함께 부인이 손재주를 부린 듯한 마른 꽃과 자수로 장식되어 있는데, 취미 수준을 뛰어넘은 세련된 감각이었다. 미소라 히바리 코너도 있다. 아들은 바디 보드의 일인자다. 아무튼 무슨 일에든 재주가 뛰어난 가족이다.

주인 아저씨는 내가 마리 모리 선생의 팬이라는 것을 알고서 당시 얘기를 많이 해 주었고, 오려 놓은 선생의 특집 기사를 복사해 주기도 했다.

그런 행동이 억지스럽지 않고 자연스러워 좋았다.

보통 갖가지 옵션이 있는 이런 가게에 오면 주객이 전도되어 주인을 떠받들기 위한 손님이 되는 경우가 많은데, 이 가게는 더없이 품위가 있었다.

모리 마리 선생에게서 받은 편지 얘기도, 모리 마리 선생이 이 가게에서 보고는 마음에 들어 한 듯한 어떤 분 얘기도 들었다. 사진에 찍힌 의자와 똑같은 의자에 앉아서, 살아 있는 모리 마리 선생이 정말 여기 있었던 거네, 하는 묘한 기분이 들었다.

"나를 보러 온 줄 알았는데 말입니다!" 하고 웃으면서 주인 아저씨가 마술을 잠깐 선보여 주었다.

초대 마술사 히키타 덴코 |引田天功. 일본의 세계적인 여자 마술사.|의 제자이기도 했던 만큼 군더더기가 없는 솜씨였다.

2대 마술사 프린세스 덴코 |Princess 天功. 덴코의 이름을 받은 그대 계승자.|를 두고 "그 아이가 아마 열여섯일곱 살이었지." 하고 말하기도 하고, "마릭|Mr. Maric. 일본의 세계적인 마술사.| 씨의 젊은 시절 사진." 하며 사진을 보여 주기도 하는 등 마술계에 몸담은 세월이 느껴졌다.

하지만 주인 아저씨가 그 무엇보다 구니타치 마술 카페의 스승님을 좋아하고 존경했기 때문에 행복한 마음으로 가게를 시작했다는 것이 가장 좋았다. 원두를 갈아 끓여 주는 커피도 참 맛있다.

게다가 마술 솜씨가 정말 놀라워, 초짜의 서툰 마술을 보고 있을 때 같은 압박감이 전혀 없다. 괜스레 득을 본 듯한 느낌이 들었다.

아아, 마리 모리 선생은 이 자유로운 분위기를 즐겼던 거구나, 하면서 나 역시 마음이 환해졌다.

22

죽은 사람 얘기를 하면서 밥을 먹었다.

그녀는 스스로 목숨을 끊었다. 현장에서 나란히 놓여 있는 빨간 구두가 발견되었고, 그 때문에 시신을 찾을 수 있었단다.

"빨간 구두라니, 참 그 사람답군." 그녀의 남편이 했던 그 말이 잊히지 않는다. 정말 빨간 구두가 잘 어울리는 화사한 사람이었다.

남편은 부인을 찾아 나섰지만, 허둥대느라 먼 곳만 쳐다본 바람에 지면에 놓인 빨간 구두를 미처 보지 못한 것을 몹시 안타까워했다.

휘갈겨 쓴 마지막 메모에는 마음에 들어 개명한 이름이 아니라 그녀의 원래 이름이 적혀 있었다고 한다.

그 모두가 너무도 슬픈 얘기라서 다들 눈물을 닦고, 코를 훌쩍거리면서도 어떻게든 계속 먹었다. 아주 맛있는 밥이었지만 맛을 알 수 없었다.

빈소에서 먹는 생선 초밥과 도시락, 맥주와 비슷한 느낌이 들었다.

조금 딱딱해진 생선 초밥과 싸늘하게 식은 도시락과 김빠진 맥주가 얼마나 사람의 마음을 어루만져 주는지, 나도 점차 그걸 알아 가는 나이가 되었다.

아무것도 모르는 채 생글거리며 연유를 핥아 먹는 꼬맹이가 애처로웠다. 그래도 꼬맹이가 있어 모두가 어쩔 수 없이 살짝 웃기도 하고, 꼬맹이를 지그시 바라보며 조금은 활기를 찾기도 했다.

한자리에 모여 누군가를 추모할 때에는 연령층이 다양한 게 좋다는데, 이래서 그런가 보다 싶었다.

23

E 씨가 가방 안에서 동그란 빵을 꺼내 내게 건네며 말했다.

"필리핀에서는 유명한 빵이에요. 괜찮으면, 맛보세요."

빵이 아직도 따끈따끈했다.

일본 사람들에게 필리핀 요리는 재료의 구성이 참 묘하다 여겨지는데, 익숙해지고 나면 그 묘한 구석이 오히려 좋게 느껴진다.

예를 들어 그 빵은 달짝지근한 반죽으로 만든 페이스트리와 비슷한데, 모양은 둥그렇고 아주 크다. 그리고 버터 크림과 생크림의 중간 같은 진득한 크림 위에 어떻게 된 일인지 채 썬 치즈가 듬뿍 얹혀 있다.

음, 하고 고개를 갸웃했지만, 한입 베어 먹어 보니 크림과 치즈가 어우러지면서 달콤한 마요네즈 같은 맛이 난다. 신기하게도 뒷맛이 남는 맛이었다.

그리고 무엇보다 E 씨의 남동생이 필리핀에서 E 씨를 위해 한 아름 사서 손에 들고 온 빵 중의 한 개가 E 씨의 손에서 다시 내게로 소중하게 옮겨져 왔다는 것이 멋지다.

E 씨의 딸은 일본에서 태어나고 자랐기 때문에 E 씨에게 "엄마, 왜 이렇게 까매. 좀 더 하얀 편이 예쁘단 말이야."라고 말한다고 한다. 딸은 E 씨의 곱슬머리도 불만스러워하면서 스트레이트가 좋다고 한단다. 그녀는 "햇빛을 쪼이면 금방 까맣게 타는 데다, 머리도 스트레이트 파마를 해 본들 얼마 안 있어 저절로 꼬불거려요." 하며 웃었다. 딸은 아마도 학교에서 자신이 듣는 소리를 엄마에게 한 것이리라.

엄마 나라에서는 피부가 까무잡잡하고, 머리는 구불구불하게 웨이브가 있는 여자가 미인이야. 그러니까 엄마는 최고의 미인인 셈이지. 딸에게 그렇게 말해 주고 싶지만, 머지않아 딸도 깨달으리라고 생각한다.

24

카페에서 파는 밥이 보기보다 그리 맛있지 않은 까닭은 정말 맛난 것을 모르는 나이의 사람들이 만들기 때문이라고 생

각한다.

근처에 오곡밥을 파는 카페가 있는데, 아주 젊은 사람들이 하는 것 같다.

20대 전반쯤일까. 어떻게든 꾸려 나가 보자고 열심이지만, 원룸 같은 곳에 살면서 엄마가 손수 만들어 주는 음식도 충분히 먹어 보지 못했을 뿐더러 다양한 음식을 먹어 본 경험도 적어 보인다. 주말이면 친구들과 클럽에 가서 춤추고, 그 전후에 패스트푸드나 간단한 요깃거리로 적당히 때우는 라이프스타일의 젊은이들로 보인다.

그렇다 보니 메뉴가 건강 면에만 치중되어 맛은 뒷전이 되고 말았다.

결정적인 문제점은 기름이 오래되었다는 것. 그 기름 하나 때문에 모든 요리의 맛이 똑같아지고 만다. 바로 근처라서 간혹 가기는 하지만, 런치 타임에 나오는 '산초 맛 가을 연어'는 연어 살을 산초 소스에 너무 오래 재운 탓에 연어 절임이 되고 말았다. 그런 절임을 오래된 기름에 튀겼으니, 헛수고가 따로 없다. 하지만 정말 맛있는 가을 연어를 먹어 본 적이 없다면, 그렇게 만들어 놓고 만족해도 어쩔 수 없는 일이다.

예를 들어 하는 말인데, 전문가 뺨칠 정도로 빵을 맛있게 굽는 친구가 가끔 보내 주는 빵은 얼마나 맛있는지 딱히 뭘 바르지 않아도 먹을 수 있다.

바 나 나 키 친

그녀가 만든 시나몬 레이즌 베이글을 두 쪽으로 쫙 갈라서 살짝 데운 후에 꿀과 치즈를 얹으면, 그 어떤 카페의 빵보다 맛있다. 그 빵을 한 번 먹고 나면 그전으로는 돌아갈 수 없다. 만약 내가 카페를 하고 있다면, 그보다 맛없는 빵은 절대 내놓을 수 없을 것이다. 수지가 맞지 않아 그렇게 좋은 빵은 제공할 수 없을 경우에는, 크기를 줄이든지 적은 양으로 꿀과 치즈의 황금 비율을 고민하든지, 여러 가지 방법이 있을 것이라고 생각한다.

음식점은 우선 내가 어떤 것을 먹고 싶어 하는지를 생각하고서 시작하는 것이 옳다.

그녀는 연애도 많이 하고 다양한 곳에서 정말 맛있는 음식을 먹었기에, 그 경험이 빵 속에 살아 있는 것이라고 생각지 않을 수 없다.

비슷한 얘기인데, '젊은 사람'이라기에는 나이가 좀 있는 지인이 에비스에서 시작한 카페 '헥사곤' 역시 맛을 아는 사람들이 하고 있는 색다른 가게이다.

외관도 세련되었지만, 맛은 그 세련됨 이상으로 확고하다.

그 카페의 '포크 진저 플레이트'는 언뜻 보기에는 그냥 생강맛 돼지고기 구이 같지만, 밥맛도 완벽하고 그 위에 뿌린 참깨가 돼지고기와 잘 어울리는 데다, 도톰한 돼지고기는 기름기가 지나치지 않다. 레스토랑에서도 흔히 만날 수 없는 수준이다.

결국 살아오면서 다닌 여러 장소에서 갖가지 음식을 먹어 보고 많이 생각한 경험이 자긍심에 찬 맛을 만들어 내는 것이라고 생각한다. 그러니 중년기에 접어든 사람들이 음식을 만드는 가게는 앞으로 점점 흥미로워지지 않을까 한다.

25

내가 지금 가장 맛있다고 생각하는 생선 초밥집은 요쓰야에 있는 '스시쇼'이다.

정말 맛있다고 의견이 일치한 나와 친구는, 둘이서 생선 초밥을 가짓수대로 다 먹고 이런저런 술도 마시고는 술김에, 어쩌면 이렇게 맛있죠, 하고 주인에게 묻고 말았다.

그런데 주인이 무척이나 좋은 말을 해 주었다.

"큼지막한 밥덩이에 신선한 재료를 듬뿍 올려놓는 생선 초밥은, 그런 걸 생선 초밥이라 여기는 사람들에게는 좋겠죠.

하지만 저는 그렇게 먹느니 생선회와 밥을 따로 먹겠어요. 일본 카레와 인도 카레는 다르고, 중화 라면은 중국 음식이 아니죠. 그와 마찬가지 아닐까요. 저는 생선회와 하얀 쌀밥이 일체가 되어 하나의 음식으로서 맛을 내는, 그 점이 중요하다고 생각합니다. 오늘 두 분이 참 많이 드셨는데, 한 접시에 한꺼번에 담겨 있었다면 다 드실 수 없었을 겁니다. 조금씩, 다양한 맛을 알맞은 순서에 따라 내놓았기 때문에 자기도 모르게 많이 드시게 된 것이죠. 사람이란 그래요."

좋은 가게에는 반드시 그 가게를 뒷받침하는 철학이 있다고 생각한다. 그런데 역시 있었다. 속이 후련해지는 기분이었다.

26

음식을 너무 섬세하게 공들여 만드는 건 좋아하지 않는데, 그래도 너무 대충대충 하는 것은 아닐까 싶을 때가 많다.

어제는 저녁으로 봉골레 파스타를 만들 생각이었다.

화이트 와인이 없다는 것을 뒤늦게 알기는 했는데 사러 나가기가 귀찮아, 이참에 퓨전으로 만들지 뭐, 하고는 소홍주를 살짝 뿌리고 버터와 마늘을 듬뿍 넣은 후에 남플라로 맛을 냈더니 의외로 맛있게 완성되었다. 대충대충도 도가 지나치다.

옛날에 요리 솜씨가 전혀 없었을 때는 이렇게 대충 넘어가지 못했다. 한 가지 만들기에도 가슴이 쿵쿵거리고, 힘에 겨웠다.

그런데 만들어야지 하는 것을 언제든 그럭저럭 만들 수 있게 되자, 이번에는 '나만의 맛' '나의 개성'을 뽐내고 싶어졌다. 그러다 보니 과연 '나만의 맛'을 자랑하는 음식이 식탁에 오르기는 하는데, 모두 똑같은 맛이었다. 히트곡 모음집처럼 그 맛이 그 맛이라, 그럴싸한 음식을 올려놓고도 마음은 오그라든다.

그 후 '보편적인 맛'을 추구하는 시기가 찾아왔다. 내가 아닌 사람에게 만들어 주게 된 이유도 컸다고 생각한다. 예를 들어, 나는 그렇게 좋아하지 않는 오징어나 새우를 맛있게 하려면 부득이 보편적인 맛을 찾아내야 했다.

이렇게 쓰다 보니, 요리 솜씨가 엄청난 것처럼 여겨질 것 같은데 전혀 그렇지 않습니다.

그 단계를 지나야 비로소 '있는 재료만으로도 어떻게든 재주를 피워 봉골레 파스타를 만드는' 시기가 찾아온다.

그렇게 걸어온 길을 돌아보니 '소설 쓰기'와 몹시 비슷하다. 정말 흥미로운 일이다.

27

물만두가 먹고 싶어서 가족끼리 중국집에 갔더니, 만석에다 바깥까지 사람들이 길게 줄 서 있었다. 안 되겠다 싶어서 다른 걸 먹으려 했더니, 꼬맹이가 물만두가 아니면 싫다고 한다. 근처에 다른 물만두 집은 딱 한군데밖에 없는데, 거기는 닫혀 있는 요일이었다.

그래서 집으로 돌아가 만들어 먹기로 했는데, 밖에서 먹자고 나섰다가 집에서 새삼 만들어 먹자니 귀찮아서 진짜 대충 하기로 했다.

사 들고 온 우즈미야 특산 만두 절반을 국물(파와 표고버섯과 중화 육수와 방울토마토로 만든)에 넣어 물만두 비슷한 것을 만들었다. 그걸로도 대만족이었지만 나머지 절반은 구워서

유자 후추를 뿌려 먹었다. 꼬맹이도 "만두, 만두" 하면서 잘 먹었다.

그다음으로 같이 사 온 후지미야 특산 야키소바를 봉투에 쓰인 레시피를 충실히 따라 만들었다. 이런 때는 쓰여 있는 그대로 따르는 것이 중요하다. 그렇게 만들어야 제일 맛있다.

산지가 다른 냉동식품들로 만든 음식들이 우리 집 식탁에 모인 나름대로 즐거운 밤이었다. 집에서 먹는 음식은 긴장을 풀고 무리하지 않게, 먹고 싶은 때 먹고 싶은 것을 만들어 먹는 것이 가장 좋다는 뜻일 거다.

28

텔레비전에서 미노 몬타 |みのもんた. 일본의 국민적 방송인.| 가 옛날에 먹었던 최고의 카르보나라에 대해 얘기하는 걸 듣고서, 먹고 싶어 견딜 수가 없었다.

'비스트로 스맙' |일본의 인기 그룹 스맙이 진행하는 장수 요리 코너.| 이라는 프

로그램이었는데, 스맙 멤버들이 만든 카르보나라 맛이 영 아니었던 모양이다. 미노 몬타 씨에게는 추억의 카르보나라 맛이 있는데, 그것과는 다르단다.

  이 프로그램을 보면서 늘 하는 생각인데, 전문가의 지도 아래 아무리 솜씨 좋은 사람이 아무리 좋은 재료로 음식을 만들었다 한들, 스튜디오에서 그것도 남들 눈을 의식하며 맛있게 먹을 수 있을까 싶다. 아무래도 가게에서 먹을 때만큼은 아니지 않을까.

  카르보나라가 꽤 맛있어 보여서 그런 생각이 더했다.

  그리고 나는 결국 카르보나라를 만들고 말았다.

  꼬맹이와 남편과 친구가 배가 고프다는 바람에 500그램이나 만들었다. 이탈리아 사람에게 배웠는데, 포인트는 치즈와 계란과 소금을 섞어 두는 것. 생크림을 조금밖에 사용하지 않아 계란이 좀 엉기기는 했지만, 맛있게 완성되었다. 일본에서 먹을 때는, 밑간으로 간장을 살짝 떨어뜨리는 것도(간장 맛이 날까 말까 하게) 상당히 중요하다.

  여럿이 먹었지만, 그래도 500그램을 전부 해치웠다는 게 놀라웠다.

  걸쭉한 카르보나라를 그렇게나 많이 먹었으니, 건강에 좋아야 할 미노 몬타 씨의 얘기 덕분에 오히려 건강을 해칠 것 같았다.

29

동네에 있는 뉴질랜드 음식점에 갔더니, 멋진 사진이 곳곳에 장식되어 있어 뉴질랜드에 가고 싶은 마음이 굴뚝같아졌다. 어패류가 맛있고, 채소든 뭐든 다 신선한 데다 와인까지 맛있다니! 천국 같은 곳이다.

아련한 기분으로 그런 뉴질랜드를 꿈꾸면서 전채를 먹었다. 그런데 손님이 점점 많아지자 점원은 짜증스러워하며 패기를 잃고, 주방에 있는 사람 역시 죽을 것처럼 피곤해 보였다.

와인을 한 잔 더 주문하려 했더니 반말로 "그러니까 동그라미가 찍혀 있는 건 오늘의 글라스 와인, 그쪽에 적혀 있는 건 내일의 글라스 와인이 될지도 모르는 거!"라고 할 때는 화가 나기보다 어째 딱한 느낌마저 들었다. 특히 "내일의 글라스 와인이 될지도 모르는 거"라는 말이 미안하지만 우스워서, 지금 이 글을 쓰면서도 웃음이 나온다. 미안합니다. 그러니까 그건 가게의 예정표! 말하지 않아도 되죠!

뉴질랜드를 좋아하는 착한 사람들로 보여서, 열심히 기운차게 일하다 자신이 무너지는 순간이었을 텐데, 속으로는 굴

욕적이었겠지, 하는 생각이 들었다.

가게 문을 닫은 후 마음 놓고 동료들과 사이좋게 얘기하며 맛있는 것을 나눠 먹다 보면 아마 내일은 힘차게 일할 수 있을 것이라는 생각도 들었지만, 왠지 그들에게는 그런 여유조차 없어 보였다. 피곤한 몸으로 집에 돌아가면 그저 잠만 잘 뿐, 내일의 일을 고통스러워할 것 같았다.

일본 사람들은 그런 때 스스로 기분을 전환하는 데 매우 서툰 것 같다.

외국 사람들은 어찌 되었든 자기 스스로 기분을 확 바꿔, 손님이 많아 복잡하면 우스갯소리를 하는가 하면 반대로 손님이 웃어 버리는 경우도 있다. 힘들다고 짜증 난 모습을 보이기보다 그러는 쪽이 서로에게 편하지 않을까 싶다.

그 가게와 아주 비슷한 형식의 이탈리안 바가 시모키타자와에도 있는데, 그곳은 위태위태하면서도 그럭저럭 헤쳐 나가고 있다. 코르크 마개를 꼭 닫아 놓지 않은 탓에 와인 맛이 밍밍할 때도 있고, 점원들이 저렇게 우왕좌왕해서야 어쩌랴 싶은 때도 있지만, 카운터 자리가 서서 술을 마시는 시스템인 덕분인지, 손님 중에 외국 사람들이 많아서인지, 에비스와 달리 일을 마치고 돌아가는 회사원들이나 접대 차원에서 오는 손님들이 많지 않아 부담이 덜한 것인지, 아무튼 언제나 대충 하는 부분이 있는데도 항상 북적거린다. 만약 이런 가게가 에비스에 있었다면, 손님들이 호통을 치는 바람에 점원들 기가 팍 죽었을 것이다.

요식업은 장소와 손님들의 스타일과 가게 주인이 원하는 형태의 가게 모습 사이의 균형까지 고민해야 하니 정말 힘든 일이다.

그러고 보니 얼마 전에 탔던 택시의 운전사는 사이타마 현에 있는 대형 부동산 회사의 사장이었다. 그는 도쿄 도내에 사무실을 새로 낼 계획인데 시부야에서 산겐자야 부근의 동향이 어떤지 직접 확인하기 위해 택시 운전을 한다고 했다. 몇 시에 어떤 사람들이 움직이고, 그들이 어떤 집을 원하는지 알기 위해서는 사장 자신이 이 동네에서 살든 일을 하든 몸담아 보지 않고는 잘못 파악할 수도 있기 때문에 반년 동안만 운전대를 잡기로 했다는 것이다. 발견한 점이 아주 많다. 무턱대고 사무실을 차리지 않기를 참 다행이다. 책에 쓰여 있는 내용이나 사람들이 하는 얘기와 상당 부분 비슷한 한편 전혀 다른 것도 있다며.

가게를 차릴 때도 수고스럽겠지만 그 동네에 살아 보는 것이 가장 좋을지도 모르겠다.

30

꼬맹이가 밥을 먹으면서 "동그라미다! 이건 동그라미야!"라고 중얼거렸다.

뭐가 동그라미라는 건지 식탁 위를 둘러보았지만 딱히 동그란 것은 없었다.

그런데도 여전히 "진짜 동그래, 입안이 갑자기 동그래!" 하기에 곰곰 생각해 보니 문어와 경수채 볶음에 든 문어 다리에서 떨어져 나온 빨판이 아닌가 싶었다.

하긴 동그라미라고밖에 표현할 길이 없겠네, 하고 마음속으로 고개를 끄덕였다.

31

 요즘 들어, 아이가 어릴 때에는 아무리 바쁜 사람이라도 집에서 밥을 짓게 된다는 것을 실감한다. 우리 부모님도 그랬고, 에세이를 읽어 보면 오하시 아유미|大橋步. 일본의 유명 일러스트레이터.| 씨도 그랬던 것 같고, 히라노 레미|平野レミ. 일본의 방송 가수, 요리 애호가로도 유명하다.| 씨와 히라마쓰 요코 씨도 그런 것 같다. 우치다 슌기쿠|内田春菊. 일본의 만화가.| 씨 역시 그렇다. 옛날에는 그런 사람들의 '육아'에 관한 에세이를 잘 이해할 수 없었는데, 지금은 꺼안고 자고 싶을 정도로 소중하게 여긴다.

 나가서 먹으면 시간이 걸려 탈이고 그래서 집에 내내 있다 보면 밥 짓기가 스트레스 해소 비슷한 것이 된다. 게다가 아이 때문에 밖에 나갈 수 없어 집으로 사람을 불렀다가 어영부영 밥을 지어 식탁을 차리는 일도 늘어난다.

 아이들은 햄버그스테이크를 좋아한다는 말은 거짓말일 거야, 우리 아이도 생선을 턱없이 좋아하는걸 뭐. 그렇게 여기다가 문득 생각이 나서 아주 평범한 햄버그스테이크를 만들어 봤는데, 깜짝 놀랄 정도로 신나게 먹고는 '햄버그'라는 단

어까지 열심히 외우는 게 아닌가. 바로 얼마 전까지만 해도 그리 좋아하지 않았는데 '어린이'랄 만한 나이에 이르니 하루 아침에 그렇게 되었다.

그런 모습을 보면, 그래 만들어 줘야지, 하고 다짐하는 것이 부모 마음 아닐까. 모두가 지나온 행복한 길을 나도 걷고 있다.

나는 성차별이 싫지만, 남자들이 밖에서 흔히 당하는 일(속거나 져서 손해를 보거나 교섭이 결렬되거나 못된 짓을 당하거나)에 처하면 남자들처럼 공격적일 수 없는 나 자신을 발견한다. 공격적으로 나서서 승패를 가르는 게임 같은 것에도 아무런 가치를 느끼지 못한다. 하지만 남자는 제아무리 섬세하고 여자 같은 남자라도 승패 속에서 쾌감을 찾아내는 것 같다. 못된 짓을 하거나 비아냥거려서 이기는 경우에라도 그렇다.

그리고 덜렁대는 면은 있어도 나 역시 여자라, 상대를 보고서 필요로 하는 것을 주는 기능, 보살피는 기능은 남자보다 발달되어 있다고 생각한다.

이런 것이야말로 남녀의 다른 점이라고 생각지 않을 수 없다. 솔직하게 인정해도 좋을 차이이고, 인정하고 나면 훨씬 편해진다. 남자나 여자나 피차.

남자 친구 중에 '누가 술을 따라 주거나 접시에 음식을 덜어 주면 신이 나고 음식 맛이 절로 난다'는 사람이 있어, 남자들에 섞여 일하다 지친 나는 '참 남자들이란 마더 콤플렉스에서 헤어나지 못하는군. 시중 들어 주는 여자나 좋아하고.' 하고 생각했다.

그런데 지금은 그럭저럭 이해할 수 있다.

모두가, 어머니가 당신 자신은 뒤로 하고 나를 가장 우선해서 보살펴 주었다는 기억을 그리워하는 것이리라.

거친 남자들의 세계에서 물러난 지금 나는 엄마가 되어 그들의 요구에 쉬이 응할 수 있다. 이런 것을 퇴화라고는 생각지 않는다. 사람 저마다 제 역할이 있다. 이 또한 거친 남자들 사회에서 일해 봤기에 실감할 수 있는 일이기도 하다.

32

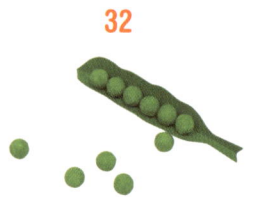

친구 하나가 맛있는 나가사키 짬뽕을 찾아 온갖 가게를 찾아다녔다.

오래도록 맛없는 가게에 본의 아니게 발을 들여놓았던 모양인데, 산겐자야에서 맛있는 가게를 발견한 덕분에 그 힘겨웠던 여행이 끝났다. 다행이다.

짬뽕은 참 까다로운 음식이다. 우선 나가사키라는 장소의 조금은 눅눅한, 하지만 낮에는 보송보송한 기후의 독특함과 분위기에 가장 잘 어울리기 때문에 도쿄에서 먹는다는 것만으로도 감점이 될 것 같다.

그리고 갖가지 요소가 섞여 있는 음식이라서, 조금이라도 실수를 하면 남은 음식으로 대충 끓인 찌개 같은 맛이 나고 만다. 찬코나베|각종 재료를 넣어 익힌 전골 요리.|처럼 조갯살과 고기와 채소를 한꺼번에 끓이고, 약간 딱딱한 면발에 맛을 배게 하는 일이 간단한 것 같아 보여도 맛있다고 느끼게 하기는 무척이나 어렵다. 나가사키의 신선한 어패류로 만들지 않으면 더욱이 그렇다.

그러니 대개 국물이 식거나 면이 부는 최대의 실수를 범하기 십상이다.

친구는 나가사키 사람이니까, 그저 순수하게 늘 먹던 맛있는 짬뽕이 먹고 싶었던 것이리라. 그의 머릿속에 있는 짬뽕은 어렸을 때부터 먹던 맛일 것이다. 어쩌면 이미지 속의 맛이 실제보다 맛있을 가능성도 있다.

나는 여기저기에서 크로켓을 사서는 그 자리에 서서 먹기를 곧잘 하는데, 제아무리 유명한 가게의 크로켓이라도 어렸을 때 사 먹었던 동네 정육점의 크로켓만큼 맛있지 않다. 그와 마찬가지이리라. 그 정육점은 아직도 장사를 하고 있고, 지금도 똑같은 아저씨가 크로켓을 튀기고 있다. 예전과 똑같은 맛이어서, 그 동네에 갈 때마다 반드시 먹는다. 물론 그 외에도 맛있는 크로켓은 있겠지만, 내게는 역시 잊을 수 없는 맛이다. 어렸을 때만큼 감격하지는 않아도 먹을 때마다 '아, 이 맛이야!' 하고 생각한다.

어쩌면 그가 원하는 짬뽕은 도쿄에서는 먹을 수 없는, 시간을 거슬러 올라가지 않는 한 먹을 수 없는 것인지도 모르겠다.

그런 얘기를 두런두런 나눈 후에 시간이 남아 시부야에 있는 짬뽕 가게에 갔다. 앞에서 말한 그가 꽤 괜찮다고 한 가게였다.

오래된 중국집인데 짬뽕이 간판 메뉴인 데다 값도 싸서 늘 북적거린단다. 맥주와 안주 세트도 있다.

물론 화학조미료 맛이 나고 가게는 너무 오래되어서 실내가 너저분했지만, 활기에 넘치고 뜨끈뜨끈한 짬뽕에 들어 있는 채소는 신선하고 표고버섯은 쫄깃했다.

만약 회사원이라면, 일이 끝나고 돌아가는 길에 이런 곳에서 한잔 하면서 뜨끈한 짬뽕이나 나가사키식 우동을 먹을 수 있다면 행복하겠다는 생각에, 근처에 취직하고 싶은 마음이

들 정도로 평화로운 가게였다.

그날도 양복 차림의 네 남자가 들어왔는데, 그중 한 명이 진작부터 있었던 네 명을 가리키면서 "어! 나는 아무도 없어서 문까지 잠그고 나왔는데!" 하고 웃자 "먼저 왔지!" 하며 원래 있던 사람들도 웃었다. 그렇게 즐거워하는, 도쿄에서 피곤에 절지 않은 사람들을 보는 것도 오랜만이라 보는 나도 기분이 좋았다. 이 가게에서 얻은 힘 덕분이겠지, 하고 생각했다.

손님들이 그 힘을 활기와 가게를 다시 찾는 것으로 되갚는 멋진 순환을 보았다. 도쿄의 짬뽕 업계도 그리 허술하지는 않은 듯하다.

33

경기가 조금은 회복되어 그런지 모르겠지만, 길을 걷다 보면 사람들의 얼굴이 얼마 전보다 다소 부드러워졌다는 느낌

이 든다. 아주 작은 차이지만.

한편 침울한 사람은 더없이 침울하다. 안색도 좋지 않은 데다 꿈도 희망도 없는 표정으로 힘겹게 돌아다니는(별 건질 것도 없는 영업 일 때문에) 사람들을 보면, 저 사람의 인생에도 아무쪼록 편안히 웃을 수 있는 시간이 있을 수 있기를 기도하지 않을 수 없다.

그런 사람들 중에 간혹 '유난스럽게 말이 많다는 느낌은 있지만, 일이든 인생이든 엄청나게 재미있어한다' 싶은 사람이 있으면 빛나 보인다. 또 그런 사람 주위에는 알게 모르게 사람들이 모여든다.

내가 전통차 전문점에서 아르바이트를 하던 때는 버블 경제 시절이었기 때문에 모두가 허둥대고 게걸스러웠다. 차를 느긋하게 마셔야 마땅한 가게였는데, 그 콘셉트는 너무 일렀는지 아무튼 다들 꿀꺽꿀꺽 마시고 우적우적 후딱 먹고는 휑하니 자리를 털고 일어났던 것 같다.

하지만 그런 중에도 느긋한 사람들은 언제나 존재했다. 이쪽이 안도하게 되는 그런 손님들.

시대의 페이스를 전혀 모르는 것도 문제지만, 자기 페이스를 아는 것이 훨씬 더 중요하다는 것을 절감했다.

주위 탓으로 돌리기는 쉽지만, 자신이 어떻게 처신하고 있는지 그 점을 잘 헤아려야겠다고 생각했다. 기분이 별로 안 좋다는 듯이 인상을 찡그리고 그저 앞만 서두르고 싶지 않다. 좀비처럼 걷고 싶지 않다.

34

사람에게 뭔가를 만들어 먹이는 일에 서툴렀다.

만들어 먹인다는 것은 '상대방의 기분과 몸 상태에 따라서는 얼마든지 남겨도 괜찮다.'라는 기준을 자기 안에 품는 일이기도 하다. 그것은 상대 입맛에 맞지 않았을지도 모르고, 혹시 배가 부른 상태였을 수도 있지만, 아무튼 나는 정성을 다했다고 말할 수 있음을 뜻한다.

꼬맹이는 먹고 싶을 때 먹고 싶은 것을 먹고 싶은 만큼 먹고 남긴다. 지금까지 알아 온 남자 중에 가장 철저하게 남기는 사람인지도 모르겠다!

그런 일에 시시콜콜 신경을 썼다가는 몸이 남아나지 않는다는 것을 나는 몸으로 깨닫게 된 듯하다.

십 몇 년 동안이나 누군가에게 밥을 지어 주다 보면 '내가 맛있게 먹고 싶다.'라는 생각은 뒷전이 된다. 그리고 모순되지만, 서툴면 서툰 대로 자신이 상상하는 맛을 만들어 낼 수 있으면 그것으로 족하다는 생각도 들게 된다.

그리고 그럴 수 있게 되면 음식점에 가서도 '지금 당장 그걸 안 먹으면 어떻게 될 것처럼' 게걸스럽게 먹는 태도가 줄어든다. 어린아이에게 먼저 먹이거나 다른 사람에게 양보할 수 있게 된다.

그런 상태가 좋은지 나쁜지는 모르겠지만, 어른의 사고로 변화했다는 것만은 분명하다.

35

최근에 볶은 양파를 냉동 팩으로 팔고 있다.

카레를 만들 때, 그 냉동 팩이 얼마나 큰 도움이 되는지 말로 다 할 수 없을 정도다.

양파를 고른 크기로 잘라(크기가 일정해야 한다는 것이 무엇보다 중요하다. 크기 차가 심하면 볶을 때 시간이 걸린다.), 삼십 분 정도 볶으면서 노릇노릇해지는 광경을 보는 것은 즐거운 일이고, 먹거리다 보니 신선한 편이 물론 좋을 것이다.

하지만 꼬맹이가 옆에서 얼씬거리면 느긋하게 볶을 수가 없어 늘 불만이 쌓여 있었다. 노릇노릇해질 때까지 볶지 못한 양파에 충분히 끓이지 못한 카레도 나름대로 맛은 있지만.

그래도 냉동 양파 팩이 있으면 나카무라야│도쿄 신주쿠에 위치한 유명 카레 전문점.│의 카레에 근접하는 카레를 삼십 분만에 뚝딱 만들 수 있다. 냉동 팩을 사용해서 처음 카레를 만들었을 때의 감동은 역시 말로 다할 수 없다. 늘 양파를 제대로 볶지 못해 단맛이 덜했는데, 달짝지근한 카레로 완성되었으니 말이다.

옛날에 나카무라야의 카레는 마법으로 만드나 보다 생각했다. 어떻게 하면 그런 맛이 나는지 상상이 안 되는 상태에서 그저 맛있게 먹었다. 얼마 전에 이탈리아인 두 사람을 데리고 갔더니, 입맛이 까다로운 두 사람은 패밀리 레스토랑 같은 분위기에 시큰둥해하면서, 이런 곳에서 굉장한 음식이 나올 리 없지, 게다가 카레라며, 하는 표정을 지었다.

그런데 그 유명한 '인도 카레'가 나온 순간, 바로 마법에 걸리고 말았다. 맛있는데, 이거 정말 맛있어, 보통 카레가 아니야. 그렇게 절찬하고는 일본에 있는 동안 한 번을 더 갔다.

진짜 요리법은 밝히지 않았겠지만, 나카무라야에서 나온 카레 책에는 모든 레시피가 실려 있다. 가정에서 만들 수 있는 분량과 재료를 기준으로 그 '인도 카레' 만드는 법도 당당히 실어 놓았다. 나는 그 책을 봤을 때, 그들의 자신감과 너그러움에 감동했다. 그러니 신주쿠 한복판에서 그렇게 오래도록 번창할 수 있는 거겠지, 싶었다.

36

친구가 일주일에 한 번 꼬맹이를 봐주러 올 때, 그가 살고 있는 '빵의 격전지' 요요기 우에하라의 온갖 빵집에서 빵을 사 온다. 덕분에 나도 그 동네 빵에 밝아졌다.

과연 격전지답게 샌드위치에 들어가는 속도 점점 진화하고 있다.

돼지고기와 홍당무와 향채를 섞어 약간 시큼한 맛이 나는 것, 생햄에 고르곤졸라 치즈를 살짝 섞은 것, 호두와 블루 치즈를 섞은 것도 있다. 얼마 전까지만 해도 일본에서는 생각도 할 수 없었던 조합이다.

시대가 많이 변했네, 하고 아줌마처럼 감동하는 동시에, 햄과 치즈 아니면 계란, 또는 토마토와 오이의 시대를 지나 지금까지 잘 따라와 준 나의 먹보 근성에도 감사했다.

가끔 우에하라에 갔을 때 빵집 간판을 보면 '아, 바로 여기가 그 카레 빵이 있는 집이네!' '여기는 그 도넛 파는 집이잖아.' 하고, 들어간 적도 없으면서 친근감을 느끼니 참 신기하다.

잠시 살았던 적이 있는 것만 같은 환영이 슬쩍 머리를 스치고, 아, 그렇지, 친구가 늘 사 와서 그런 거지, 하자 마음이 다시 따뜻해진다.

37

여동생이 흥분한 목소리로 "잎새버섯을 땄어!" 하며 버섯 사진을 보내 주었다.

사진에 찍힌 버섯이 과연 잎새버섯으로 보이기는 하는데, 어디서 땄다는 거냐고 물었더니, 오래전에 군마 현에 갔다가 얻어 온 잎새버섯 대를 마당에 심었는데, 아무 변화가 없어 그냥 내버려 둔 채 까맣게 잊었다고 한다. 그러다 가을비가 한참 내린 후에 마당에 나가 보았더니 깜짝 놀랄 만큼 많이 자라 있었단다.

맛있다고 하기에 좀 보내 달라고 했다. 과연 맛있기는 한데, 친정집 마당의 눅눅한 기운이며 바로 옆이 묘지라는 사실이 뇌리에 스쳐 맛이 다 빠져나갈 정도로 씻고 말았다.

그런데 잘 생각해 보니, 파는 잎새버섯도 어떤 곳에서 자란 것인지 확인할 수 없고, 친정집 마당은 고양이가 지나다니기는 해도 더럽지는 않다. 노지에서 자란 데다 무농약이 아닌가!

나도 참 파는 것들을 무조건 신뢰하는구나, 절감하면서 날마다 잎새버섯밥을 지어 먹기도 하고 버터에 볶아 먹기도 한다.

38

초등학교에 다니면서 불합리한 일을 많이 경험했지만 급식 시간에 우유를 쏟은 아이들에게 선생님이 내린 조처는 잊을 수 없다.

'우유를 쏟은 아이는 자진 신고를 하고, 사과의 뜻으로 모든 아이들 앞에서 쟁반에 쏟은 우유를 핥아 먹는다.'

도덕 교과서나 어디선가 보고 짜낸 나름의 작전일 테지만, 이건 선생님의 큰 실수였다고 생각한다.

음식을 소중히 여기는 마음을 가르치고 싶다면, 한 번 쏟은 우유는 다시 먹을 수 없으며 우유가 교실에 오기까지 수많은 사람의 수고를 거쳐야 한다는 점을 철저하게 가르치면 될 일이다. 그리고 만에 하나 우유가 싫어서 일부러 쏟은 경우라면, 잘못된 행동이라고 가르친 후에 더 먹고 싶어 하는 아이에게 주도록 하는 방법도 있다. 아무튼 대처할 수 있는 여러 가지 방법이 있을 텐데 식사 시간에 '벌'을 주는 것이 과연 옳았을까, 하고 그때나 지금이나 생각한다.

우유를 쏟는 상황도 매번 달랐던 것 같다. 까불다가 쏟았

다면 잘못이지만 소맷자락이 병에 걸렸을 수도 있고 정말 실수로 쏟았을 수도 있는데, 그 모든 아이들이 일률적으로 '모두가 보는 앞에서 쟁반에 입을 대고 한 모금이라도 먹어야 한다.'라는 것은 아무리 생각해도 이상하지 않은가.

 선생님이 아주 심각한 표정으로 "여러분이 우유를 너무 하찮게 여기기 때문에 선생님은 결심했어요." 하고 말할 때의 분위기도 싫었다. 모든 아이가 우유로 장난을 친 것도, 일부러 쟁반에 쏟은 것도 아니다. 어쩌다 쏟은 아이가 있었을 뿐이다.

 내가 실패한 교육의 사례로 기억하고 있을 정도이니 선생님도 지금은 '그때 그 일은 실수였어.' 하고 생각하지 않을까. 그러기를 바란다.

39

 지인의 집에 놀러 갔더니, 멍게 배꼽이란 것이 나왔다.
 멍게에서 흐물거리는 몸통을 잘라 내고 맛의 진수만 남긴

것처럼 맛있었다. 물론 멍게에 배꼽이 있는 것은 아니고 머리 부분이라고 하는데, 그 타원형 물체를 배꼽이라 명명한 어부의 감각이 참 멋지다.

그 집 식구들과 함께 멍게 배꼽과 커다란 접시에 담긴 꽁치와 가다랑어 회, 돼지고기 불갈비, 중국식 샐러드, 가지찜을 먹었다. 맛있고, 와글와글 즐거웠다.

우리들 세대의 접대 방식이 따로 있구나 싶어 기뻤다. 식사 준비를 하는 그 집의 부인도 나중에는 즐겁게 자리를 함께하는 방식이다. 자리가 끝날 무렵에 한숨을 내쉬며 지친 몸으로 거의 아무것도 남지 않은 식탁에 자리하는 것이 아니라, 시간이 지나도 맛있게 먹을 수 있는 음식을 차려 놓아 먹고 싶을 때 먹고 싶은 것을 먹을 수 있게 늘어놓는 방식……. 게다가 음식들이 전통식이라는 점도 좋았다.

그 집에 덩치 큰 개가 있었는데, 식탁에 놓인 음식을 탐내지는 않아도 빤히, 빤히 쳐다본다. 뭐라도 줄 듯한 사람 옆에 가만히 앉아서, 손의 움직임을 빤히 쳐다본다.

우리 집에도 얼마 전까지 큰 개가 있었기 때문에 그 무게감이 정겨웠다.

꼬맹이 때문에 힘이 부칠 때, 그 커다란 개가 침을 질질 흘리며 다가와 무릎에 턱을 올려놓고 꾹꾹 누르면서 먹을 것을 달라고 떼를 쓰면 '아, 애 키우느라 힘든데, 밥이라도 좀 차분하게 먹을 수 없을까.' 하고 생각했다. 언제나 옷의 무릎 언저리가 침으로 눅눅했다. 번번이 닦기도 힘들다고 생각한 적도 있었다.

그런데 그 개는 죽고, 다른 집 개가 정신적으로나 거리상으로나 똑같은 무게감과 똑같은 콧김의 뜨끈한 느낌으로 다가왔을 때, 나와 남편은 죽은 개를 그리워하며, 한 번만이라도 좋으니까 그 녀석이 이렇게 해 주었으면, 하고 생각했다.

죽음이 임박했을 무렵, 개의 입에서 언제나 피가 흘렀는데, 피 섞인 침이 묻은 바지를 버리지 못하고 지금까지 간직하고 있다. 뭘 묻혀도 상관없으니까, 다시 한 번 내 무릎에 고개를 올려놓았으면 좋겠다.

살아 있던 생물이 수명이 다해 죽는 것은 슬픈 일이 아니다. 자연스러운 일이고, 추억은 언제든 마음을 따스하게 해 준다. 나의 인생에서 그 아이를 만나지 못했던 것보다는 만났던 편이 절대적으로 좋았다.

그런데도 나는 그때 그립고 애달파서, 한 번만이라도 우리 집 개를 만져 보고 싶었다. 보통 때는 녀석이 있었다는 것조차 잊고 생활하는데, 덩치 큰 개를 둔 집에 간 바람에 감촉의 기억이 스멀스멀 되살아난 것이다. 만질 수 있다는 것이 얼마나 굉장한 일인지.

나는 생선회나 멍게 배꼽은 주지 않았지만, 돼지갈비를 잘

근잘근 씹어 양념 맛을 다 뺀 후에 입에서 꺼내 야금야금 그 개에게 주었다. 손이 개 입에 들어가 끈끈해지는데도 기뻐 어쩔 줄을 몰랐다.

"이렇게 개를 좋아하는 사람이 오기도 쉽지 않은데, 잘 됐지, 그치!" 하면서 그 집 딸아이가 개를 껴안고 바닥에 뒹굴었다. 그 아이도 언젠가는 개와 헤어지겠지만, 우리와 마찬가지로 '그래도 만나서 함께 살 수 있어서 좋았어.' 하고 생각하리라. 그날이 오기 전까지는 설사 너무 집요하게 따라다니거나 귀찮게 굴고, 침과 털 때문에 옷이 더러워지는 한이 있어도 마음껏 만져 주기를, 하고 생각했다.

40

『수도원의 레시피』(이노모토 노리코 옮김, 아사히 출판사)를 샀다.

예전부터 궁금했던 책인데, 어제 내가 좋아하는 긴자 마쓰자카야 지하 2층의 책 셀렉트 숍에 있기에, 꼭 사야지 하고서 산 것이다. 그 숍에는 요즘 여성이라면 어떤 책을 사도 시간 낭비가 아닐 만큼 훌륭한 책들만 모여 있다.

이 책에는 오백 가지 이상의 레시피가 실려 있다. 1955년에 한 번 출판된 것으로, 브르타뉴 지방 수도원의 수녀들이 온갖 지식을 다 털어 쓴 책이라고 한다. 이노모토 씨는 이 책을 샌프란시스코에 사는 친구 집에서 본 후로 끈질기게 판권을 찾아 드디어 일본에서 출판을 성사시켰다.

정말 멋진 일이다.

보통은 일본 사람들이 흥미를 느낄 만한 레시피를 선택해서 사진까지 첨부한 상태에서 출판하고 싶어 할 것이다. 출판사 사람들도 책을 팔기 위해서는 그렇게 권할 것이다. 그런데 이노모토 씨는 그렇게 하고 싶지 않았던 것이리라. 문화를 고스란히 남긴다는 것은 바로 그런 것이라고 생각한다. 이렇게 언뜻 쓸모없어 보이고 이해하기 어려운 부분이 이 책을 각 가정에서 오랜 세월 살아남게 한 조건이다.

사진은 몇 장뿐, 나머지는 레시피가 충실하게 재현되어 있다. 이 책 한 권으로 프랑스 요리가 어떤 것인지 알 수 있을 것이고, 이 책만 있으면 프랑스의 가정 요리를 만들 수 있을 것이다.

이 책의 가치를 알 수 있었던 것은 이노모토 씨 자신이 파리에서 십 년이나 살아서 몸에 프랑스의 맛이 각인되었기 때문일 것이다. 그것을 있는 그대로 출판하기로 한 판단에 감사하고 싶다.

멋진 책, 훌륭한 사고와의 조우였다.

나는 몇 번이나 파리와 프랑스의 시골에 다녀온 적이 있는데도 그때가 아니라 지금 비로소 내 안에 프랑스의 맛이 들어왔다고 생각한다.

한 권을 더 사서 브르타뉴 지방 출신의 나보다 나이 많은 친구에게도 선물했다. 아마도 몹시 정겨워하지 않을까.

41

옛날 남자 친구의 아버지인 미노루 씨와 나 사이에는 정말 많은 일이 있었다.

애증, 가족의 유대, 그의 병을 걱정하는 마음, 모두 경험했다.

미노루 씨는 산속 오두막집에서 혼자 살다가 돌아가셨는

데, 오두막에 혼자 있을 때 죽고 싶다고 했으니 미련은 없을 것이라고 생각한다.

그 오두막에서 자주 밥을 먹었다. 만두와 크로켓과 계란말이와 닭 꼬치구이와 전골 등, 미노루 씨의 부인과 당시 미노루 씨를 흠모했던 동네 아줌마들이 만들어 준 가정 요리를, 그때 그 자리에 있던 사람들과 함께 먹었다.

전기 프라이어가 있어서 고기와 양파를 마구마구 꼬치에 꽂아 미노루 씨 가족과 나와 내 친구들과 오일 퐁듀 형식으로 튀겨 먹은 적이 있다.

지금 모두 함께 만들었던 그 꼬치 튀김을 생각하면, 아무리 유명한 가게의 꼬치 튀김에도 뒤지지 않는 행복한 맛이 떠오른다. 가장 소중한 것은 그곳에 있던 가족들 모두의 웃는 얼굴이다. 미노루 씨는 싱글싱글 웃으면서 고기와 양파를 꼬치에 꽂았다. 우리들도 거들었다. 눈앞에서 튀겨 와삭와삭 먹었다.

미노루 씨의 딸이 죽은 미노루 씨를 처음 발견했다.

울면서 전화를 걸었을 때 그녀는 "어떻게 하면 좋을지 몰랐어. 다른 사람이 올 때까지. 아빠는 내 눈앞에 죽어 있고."라고 말했다. 그래도 오물로 얼룩진 아버지의 입가를 깨끗하게 닦아 주고는 자신도 모르게 뺨에 뽀뽀를 했다고 한다.

그때 나는 너무 동요한 탓에 울지도 못했지만 두 주일이

지난 어느 오후, 미노루 씨가 만들어 준 모빌이 천장에서 예쁘게 흔들리는 것을 보고는 울음이 북받쳐, 장례식이 끝나고 한숨 돌리고 있던 가족에게 전화를 걸어 엉엉 울고 말았다. 남자 친구와 헤어질 때도 옥신각신이 있었기 때문에 그 가족과 나 사이에는 물론 갖가지 복잡한 일이 많았다. 그런데 전화를 받은 식구들 모두와 함께 엉엉 울다 보니, 응어리가 없어지고 말았다.

보통 나는 울기만 위해서 유족에게 전화를 걸지 않는다. 폐가 되기도 할 테고, 안 그래도 상심이 깊은데 남이 그러면 싫을 것이라 생각하기 때문이다. 하지만 그때는 아무 주저 없이 그냥 전화하고, 그냥 울었다. 다른 감정이나 그들을 배려하는 마음 따위도 없었다. 그런 것이 어쩌다 상대에게 통하고 말았다. 번갈아 전화를 받은 가족은 내가 우는 것에 깜짝 놀라면서 같이 울어 주었다.

그것은 천국에 있는 미노루 씨가 베풀어 준 일이 아니었을까.

내 생일 다음 날에 죽은 그의 마지막 메일을 가족이 보내주었다.

'생일 축하해요. 꼬맹이는 잘 크고 있습니까? 저는 산에 있습니다.'라고 쓰여 있었다.

이 글을 쓸 때는 아직 살아 계셨네, 그렇게 생각하니 견딜 수가 없었다.

답장을 보내도 받을 사람이 없는데, 나는 답장을 썼다.

'오래도록 병을 앓으셨는데, 늘 웃는 얼굴로 즐거운 추억 만들어 주셔서 감사합니다. 미노루 아버님을 평생 잊지 않을게요.'

그에게 이 답장이 도착했을 것이라 생각한다.

매와 솔개를 무척이나 좋아했던 미노루 씨를 생각하면서 하늘을 올려다보면, 신기하게도 늘 산 쪽에서 솔개가 날아온다. 추억은 죽지 않는다. 내가 저 세상으로 가면 다시 함께 밥을 먹을 수 있다. 그러니 지나간 일이라도 한 번 생긴 일은 어느 것도 쓸모없지 않다.

42

마쓰미자카 부근에 늦은 밤까지 영업을 하는 데다 늘 북적거리는 양식집이 있다.

'이런 시간에 어떻게 이리도 맛있는 것을?'이라 생각될 만큼 뭐든 맛있다. 40대인 우리 부부에게 이 레스토랑의 맛은 맛있는 음식의 원점이다. 버터와 크림과 후추와 풍성한 고기와 어패류.

아줌마든 아저씨든 젊은이든 업계 사람들이든 동네 사람들이든 누구나 온다. 사연이 있는 사람도 먹보도 모두 만족할 수 있다. 양도 주문하면서 조절할 수 있다. 일하는 언니는 방긋방긋 재치도 있는 데다 씩씩하게 움직이고, 아줌마는 통통하고 묵직하고 관음상 같은 얼굴이다. 요리는 아저씨가 도맡아 하는데, 프라이팬을 다루는 솜씨가 얼마나 날랜지 모른다. 단골에게는 특별히 친절하지만, 처음 오는 사람에게도 편하게 대한다.

나와 남편은 굵직하고 토실토실한 아스파라거스 볶음(끼얹은 버터 소스가 일품이다.)과 게살 크로켓과 새우 샐러드와 치킨 볶음밥과 명물 수프(모시조개와 토마토와 크림 맛)를 날름 해치웠다. 맛있고 정겨워서다.

밤중에 이 집에 불이 환하게 켜 있으면, 내가 먹지 않은 날이라도 마음이 따스해진다. 가게 안의 북적거림과 절대 현대적 감각이라 할 수는 없지만 푸근한 분위기가 전해지는 듯한 기분이 든다. 이런 가게야말로 표창을 해야 한다고 생각하는데, 손님이 늘 끊이지 않는다는 것 자체가 표창이리라.

대만에서 충격적인 약선탕을 먹었다.

모두들 감기 기운이 있어 목이 칼칼하다면서 콧물을 흘리기에 따끈한 음식이 좋겠다 싶어 가이드북을 보았더니, 닭으로 국물을 낸 시커먼 약선탕이 실려 있었다.

나와 동행 몇 명은 전에도 똑같은 음식을 먹어 본 적이 있었다. 한 가지는 찐 양고기와 한방 재료로 만든 것이고, 다른 한 가지는 오골계라는 까만 닭과 당귀라는 약효가 좋은 식물이 들어 있어 영양 만점인 데다 정말 맛있었다.

사진으로 보니 똑같이 생겨서, 비슷한 거겠지, 그때도 감기가 나았으니까 괜찮지 않을까, 하면서 씩씩하게 그 가게로 향했다.

환하고 반짝거리는 실내는 각 방으로 나뉘어 있고, 메뉴는 약선탕밖에 없었다.

먼저 탕의 효능을 일본어로 설명한 설명서가 나왔다. 공복에 세 그릇을 먹는 것이 기본이란다. 그러면 신진대사가 좋아지고, 당뇨병에도 좋고, 다이어트 작용도 있고…… 등등. 오십여 종의 한방 재료를 넣어 푹 고은 것이다. 몸 상태가 좋지 않은 사람은 나른해지는 경우도 있지만, 호전되는 반응이기 때문에 염려할 것 없다는 말도 쓰여 있었다. 그리고 사용된 재료의 성분이 녹아 있을 뿐 술은 한 방울도 들어 있지 않다는 암시적인 내용도 있었던 것 같다.

그런데!

정작 나온 음식을 보니, 겉모습은 그 맛있는 삼계탕과 비슷한데 맛은 한마디로 알코올 도수 40도가 넘는 뱀술 같은 느낌이었다. 쓰고 술 냄새가 나고, 식으면 식을수록 점점 맛이 없어졌다. 도무지 목에서 넘어가지 않았다.

맥주를 주문했더니, 없다고 한다. 다른 주류도 없다. 술김에 들이마실 수도 없다. 모두들 점차 암담해졌다.

그리고 데친 청채가 조금 나와 안도했는데, 그것도 잠시, 찍어 먹으라는 소스가 생마늘을 며칠이나 담가 놓은 것처럼 마늘 냄새가 풍풍 풍기는 걸쭉한 간장이었다. 살짝 맛만 봤는데도 마늘 폭탄을 맞은 기분이었다.

그리고 약선탕 외에 유일한 먹거리라는 게 너무 삶아 불어 버린 소면에 기름을 뿌린 것이었다.

그런데 어찌 된 일인지 모두를 점차 명랑해지더니 껄껄, 깔깔 웃음을 터뜨렸다.

알고 보니 옆방의 모르는 이들도 껄껄 웃고 있었다. 아무래도 알코올 성분 때문에 기분이 좋아진 듯하다. 틀림없이 술이 들었을 것이라고 확신했다.

그리고 앞에 있는 친구가 갑자기 코피를 흘렸다. 그 광경을 보고서 싱글거리며 고개를 끄덕이는 가게 사람들……. 왠지 엄청 겁이 났는데, 흔히 있는 일인 듯하다.

화장실에 가 봤더니, '구토조'라 쓰인 싱크대가 있었다. 그럴 만도 하지, 하고 생각했다. 이 나라 사람들 역시 그것을 후르륵 먹고 소화할 수는 없는 모양이다.

그날 밤부터 코피, 두통, 설사 등의 증상이 모두를 덮쳤다. 별탈이 없었던 사람은 감기에 걸리지 않았던 젊은 남자 하나와, 맛이 너무 독해서 한 그릇밖에 못 먹겠다고 한 중년 하나뿐이었다.

귀국하고 일주일이 지나서도 찔끔찔끔 설사를 하거나 두통이 있는 사람, 미열이 있는 사람, 여전히 가끔 코피가 나는 사람이 있었다.

"아마, 이 증상이 가시면 몸이 깨끗이 정화되는 거겠죠."

그렇게 서로를 위로하고 있는데, 그런 음식을 일상적으로 먹으면서 파워로 변환시키는 사람들이 있다니, 그 강인함을 생각하면 감동이 밀려온다.

분명 무슨 굉장한 효과가 있기는 할 텐데, 너무 독하다.

대만에서 발 마사지도 받고 침도 맞아 봤는데, 이 정도는 아니어도 전부 인상이 비슷했다. 강한 파워를 쏟아 붓고, 그것이 몸속을 빙글빙글 돌면서 억지로 낫게 하는 느낌이다.

일본 사람들이 하는 것처럼 섬세한 치유는 아니었다.

그러다 그만 국민성을 진지하게 생각하고 말았다.

44

모두들 감기 기운 때문에 쿨럭거리자, 가정부 M 씨가 "브라질 감기약을 만들어 볼까요?" 하고 말했다. 나와 요코는 흥미진진하게 기다렸다.

M 씨는 젊은 시절 브라질에서 농장을 했는데, 가벼운 감기에 걸렸을 때는 그 음료를 마시면 나았고, 감기에 걸리겠다 싶을 때도 그걸 마셨다고 한다.

잘게 썬 마늘과 레몬, 그리고 소금을 넣은 컵에 뜨거운 물을 부어 만든 그 음료는 마늘 냄새가 진동할 텐데도 맛있는 수프처럼 쉬이 넘어갔다. 생각했던 것보다 마늘 냄새가 톡 쏘지도 않고 뒤에 남지도 않았다. 그리고 몸이 따끈해지면서 활기가 돌아온 듯했다.

　꼬맹이만 "맛없어!" 하면서 마시지 않았지만, 우리들은 한 컵 더 마시고 싶을 정도로 맛있게 느꼈다. 무엇보다 만들어 주려는 마음이 고마웠는지도 모르겠다. 실제로 감기도 나았다.

　민간요법에 효과가 있었을 뿐더러, M 씨의 엄마 손맛 같은 것이 우리를 따뜻하게 감싼 점도 크리라고 생각한다.

　나는 서양의 약을 부정하지 않는다. 몸이 약한 우리 엄마는 만약 약이 없었다면 지금쯤 이 세상에 없을 것 같기 때문이다. 사용해야 할 때에 정확하게 사용하면 약의 놀라운 은총을 누릴 수 있다. 하지만 그것 역시 약을 내미는 온기 어린 손과 어떤 약을 어느 정도 먹어야 하는지 신뢰할 수 있는 판단이 있는 덕분일 것이다.

　우리 동네에 엄청 독한 약을 마구잡이로 처방하는 의사가 있다.

　그 병원에 가면, 오는 길에 들리는 약국에서 열 종류나 되는 독한 약을 사서 그 전부를 식후에 먹어야 하는 처지에 놓인다. 구토를 하면 구토약, 기침을 하면 기침약, 알레르기가 있으면 가려움 방지약, 위약, 해열제, 항생제……. 그리고 간호사가 부족해서 링거 주사는 맞을 수 없다는 따위의 말을 한다. 약이 잘 들어서(그야 그렇게 먹어 대니 어느 것 한 가지는

들을 것이다.) 늘 환자가 줄을 서는데, 그 병원에는 의사가 없다고 생각하고 말았다. 무턱대고 대량의 약을 처방하는 사람이 있을 뿐.

만약 내가 좀 더 애정이 깊었다면, 대놓고 맞서서 대화를 통해 의사의 마음에 파고들었을까? 아니면 인연이 없으니 관계없다 여기고 물러나는 것이 서로를 위한 일일까. 그런 일에는 언제든 조금 고민한다. 같은 인간이고, 눈앞에 있는 사람을 편하게 해 주고 병을 고쳐 주고 싶어 하는 마음에는 거짓이 없을 테니까.

다만, 나를 포함해서 소중한 생명들을 단 한순간이라도 그 병원에 맡길 수 있는지, 그 점을 생각하면 나도 모르게 발길이 멀어진다.

"다시 한 번 봐야겠으니까, 모레 꼭 데리고 오세요! 약은 반드시 다 먹이고!"

내던지듯 그렇게 말한 목소리에서 사랑에서 오는 엄격함은 도저히 느낄 수 없었다.

45

　대만의 '샤오롱바오'라는 유명한 음식점이 일본에서도 잇달아 개업하고 있다.

　반가운 마음에 나도 몇 번이나 걸음을 했다. 그런데, 뭔가가 달랐다. 딤섬의 판매량에 따라 대기 시간이 생기기 때문인지, 잘 모르겠다. 모두 같아 보이기는 한데, 하고 생각한다. 그런데 다르다.

　대만과 가장 다른 것은 일본에서는 샤오롱바오를 술안주 삼는 사람이 아주 많다는 점이라고 생각한다. 대만에서는 저녁 식사이며, 간식이기도 하고, 가벼운 식사, 그리고 가장 마지막에 안주의 요소가 끼어드는 식이었다.

　그리고 대만에서는 모두들 밝고 긴장감 있는 공기 속에서 오물오물 먹는다는 인상이 강했는데, 일본에서는 엄청 마셔대며 먹기 때문에 왠지 축 늘어진 느낌이다. 나이 많은 사람들이 많지 않은 점도 약간 서글프다.

　역시 공기까지는 가져올 수 없는 모양이지 생각했다.

　네팔에 갔을 때, 할머니가 길바닥에서 차이를 만들어 팔고 있었다. 고민하다가는 못 사 먹지 싶을 정도로 위생 상태가 엉망이었다. 길바닥에서 알루미늄 냄비를 놓고 부글부글 끓이는데, 그 앞을 소나 말이 흙먼지를 피우며 지나간다. 할머니 손은 새카맣고.

하지만 귀여운 질 찻잔에 따라 주는 그 뜨거운 차이는, 믿기지 않을 만큼 맛있었다.

건조한 바람, 말똥 냄새, 흙먼지, 고지대의 칼칼하고 산소가 엷은 공기, 새파란 하늘, 저 멀리에는 반짝반짝 빛나는 설산……. 그런 곳이 아니면 그 맛은 나지 않으리라.

46

유명한 음식치고 먹을 만한 게 없다는 말이 있지만, 나고야 현지에서 처음 먹어 본 '히쓰마부시' |나고야의 명물 장어 덮밥.|는 정말 맛있었다.

내가 식탐이 많은 사람이라 잘 아는데, 맛있는 것을 어떻게 하면 몇 번이든 언제까지나 맛있게 즐길 수 있는지가 접시 하나에 응축되어 있다. 처음에는 나오는 그대로, 두 번째에는 양념을 뿌려서, 세 번째에는 육수에 말아서, 네 번째에는 제일 좋았던 방법으로. 그렇게 먹는다는 소리를 듣기는 했지만, 어떻게 다 먹나 싶을 만큼 많은 양의 장어와 밥을 그런 차례대로 먹으니 날름 다 해치웠다는 게 놀라웠다.

밥의 양이 절반이거나 육수나 따라 나오는 반찬의 양을 줄여도 넉넉히 그 가격을 받을 수 있을 것이라고 생각한다. 하지만 인기가 있다는 빌미로 그런 얄팍한 수는 않으니, 뭐든지 풍족하게, 그리고 기품 있게 접시에 담겨 있다.

그 인기의 비결을 보고서 내 마음까지 풍족해졌다.

어떤 친구는 그 나무 밥통을 기어코 구해야겠다고 하더니, 지인에게 마침내 얻어 냈다. 지금 그 나무 밥통이 어떻게 쓰이는지는 모르겠지만, 그 과감한 행동은 맛있었다는 증거였을 것이다.

47

언니의 크로켓 맛은 정말 각별하다.

어렸을 때 동네 정육점에서 먹은 갓 튀긴 크로켓과 둘 중에 하나를 고르기 어려울 만큼 매력적이다. 그 정육점 아저씨와 우리 언니가 죽으면, 평생 크로켓을 더는 안 먹어도 좋을지 모르지, 할 정도다.

언니에게 만드는 법을 배워 똑같이 만들어 보았지만, 언니가 만든 것처럼 바삭하고 부드러운 맛은 나지 않는다. 다들 그렇게 생각하는, 상당한 명작이다. 날로 맛있어지는 듯한 느낌마저 든다.

아주 젊었을 때, 기분이 밖으로만 향했을 때는 모르던 맛이다. 밖으로만 향하다 보면, 돈 주고 살 수 없는 것은 없다는 착각에 빠지는 경우가 있다.

하지만 가정 요리라는 것의 대단함은 그야말로 이 세상을 만들고 돌아가게 하고 키웠으며 절대적으로 그곳에만 있는, 그리고 그 사람이 죽으면 남지 않는 맛에 있다고 생각한다.

우리 꼬맹이도 사춘기가 되어 집에서 먹는 음식에 싫증이 나면 학교에서 돌아오는 길에 군것질을 하거나 신나게 정크푸드를 사 먹다가, 한 바퀴 빙 돌아와서야 이 사실을 깨우치게 될 것이다.

48

　물론 건축법 위반일 테지만, 긴자의 육교 밑에 자리 잡고 있던 가게들이 점차 사라지고 있다. 허무하다. 시모키타자와와 비슷할 정도로 허무한 상황이다. 보기에도 그리 좋지 않고 안전하지도 않을지 모른다. 그래도 어떻게든 분위기를 남기면서 개축할 수는 없을까. 사람이란 더러 쇠락함 속에서 편안함을 찾는 습성이 있다는 생각도 드는데.
　곰팡내도 조금 나고 먼지도 있고 창문도 없고, 게다가 대단히 맛있는 것도 아니고, 엄청난 미인이나 멋진 아저씨가 있는 것도 아니고, 그냥저냥 보통으로 친절한 사람이 소박하게 꾸려 나가는 그런 가게에 있을 때의 편안함, 그 푸근함과 따스함.

그런데 현대의 젊은이들은 그런 느낌을 잘 모르기에 추구하지도 않는 것 같다. 흔히 있는 반짝반짝 빛나는 건물에, 그럭저럭 낯익은 가게에 들어가 그저 그런 맛에도 그런대로 안심하는 듯하다.

내 입맛에는 '와 비싸다! 맛없다!'인 것이 일반화되어 가는 것이리라.

내게 '비싸다! 맛없다!'는 '맛은 그저 그렇지만 편안하고 그런대로 균형감이 있다.'라는 것보다 훨씬 화나는 일인데, 우리 세대가 아닌 사람들에게 어렸을 때부터 익숙한 감각은 그런 느낌일지도 모르겠다. 쇼핑 센터 같은 곳에 들러붙어 있는 그저 그런 가게의 느낌. 음식을 전문으로 하지 않는 회사에서 경영하는, 매뉴얼 그대로의 가게.

세상이 바뀌어 가는 것은 막을 수 없는 일이다. 젊은이들 중에도 고가 밑에 있는 가게를 아주 좋아하는 사람은 있고, 굳이 그런 곳에다 가게를 차리는 사람도 많다. 그러니 조금 다른 형태라도 그 분위기는 살아남는 것이리라.

적어도 우리 집 식탁만큼은 변하지 않고 늘 똑같은 분위기로 하자고 생각한다. 우리 꼬맹이가 큰 어른이 되어서도 그리워할 수 있도록. 오직 그 생각만 하면서 밥을 짓는다.

열심히 공을 들이고, 하기 싫고 피곤한데도 음식은 직접 만들어야 한다는 것이 아니라 푸근하고 즐거운 분위기가 남으면 된다고 생각한다. 푸근하고 즐거운 분위기만 있으면 맛없다는 느낌은 절로 사라지는 법이다.

아이를 낳은 후 한동안 걸을 수 없어서 백화점 지하 식품부의 도시락을 주로 먹었는데, 아무리 맛있는 도시락이라도 집에서 먹는 밥에는 미치지 못한다. 아무리 희귀한 채소가 울긋불긋하게 들어 있어도, 품과 정성을 들인 반찬이 들어 있어도, 시간이 지났다는 한 가지 때문에 맛이 덜해진다. 집에서 그저 살짝 데친 브로콜리만도 못하다.

내가 고등학교에 다닐 때, 우리 가족의 상태가 진짜 안 좋았다. 나는 밥을 먹을 때 거의 입을 열지 않았다. 막내는 본인이 원하지 않아도 집안의 귀염둥이 역할을 맡게 되기 마련인데, 너무 많은 문제가 쌓여 있어 그럴 수 없을 정도로 분위기가 무거웠다. 거의 무의식적으로 식탁에 앉았다. 잘 먹겠다는 말 한 번 제대로 하지 않았고, 가족에게 말을 거는 일도 없었다.

후회는 하지 않지만, 그 무렵의 불안했던 나 자신에게 '미래를 믿으라.'라고 말해 주고 싶다. 그리고 오늘 하루의 식탁을 좀 더 소중히 여기라고, 웃는 얼굴로 가족을 쳐다보라고.

49

친구인 M은 빵을 구워 정기적으로 보내 준다.

앞에서도 그 빵에 대해 쓴 일이 있는데, 실로 정성스럽고 맛있게 구운 빵이다. 미안한 마음에 약간의 재료비를 건네고 있지만, 남는 게 전혀 없지 싶을 정도로 모두 품이 많이 든 빵이다.

초콜릿이 둥그렇게 들어간 식빵, 허브를 올린 포카치아, 베이글, 토끼 모양 빵, 소시지 롤, 바삭한 콘 브레드, 말린 청포도가 듬뿍 들어 있는 머핀 모양 빵, 매콤한 카레 빵, 호두가 넉넉하게 들어 있는 빵, 레몬 필 빵, 벚꽃 향내가 나는 팥빵, 무화과 잼 빵, 버질과 치즈 빵, 깨와 콩고물 빵, 치즈 스틱 빵, 스콘. 제과점 빵과 수준이 똑같은 온갖 종류의 빵이 배달된다. 요즘 우리 꼬맹이는 M이 보내 준 상자가 배달되면 "이 상자, 빵?" 하고 묻는다.

M이 자기 집 부엌에서 꼼꼼하게 순서에 따라 온 정성을 다해 빵을 굽는 장면을 상상하면, 정말이지 아름답고 섹시해서 왠지 가슴까지 두근거린다. 내 일상에 이렇게 맛있는 빵

이 있다니 호사스럽다고 생각하면서, 당장 먹지 않을 것들은 바로 냉동해서 마지막까지 맛있게 먹는다. 그런 때 나는 친구에게서 시간을 얻고 있다고 실감한다. 만든 이를 알 수 있는 음식의 훌륭함은 바로 그 점인지도 모르겠다.

50

네즈에 '한테이'라는 꼬치 튀김집이 있다.

내가 어렸을 때부터 있는 그 가게는 메이지 시대에 지은 목조 3층짜리 건물로 그 자체로도 귀중하다.

그 맛 때문에 인기가 있어 물론 지점도 있다. 늘 신선한 재료를 멋들어지게 조합해서 튀기는 데다 청결하고 가게 사람들도 참 좋다.

하지만 그게 전부는 아니다. 맛이며 가게 사람들이며 건물이며, 전부 통틀어 위대한 가게이며 문화적 유산이라고 생각한다.

나는 중학생 때부터 마흔이 넘기까지 기회만 있으면 언제나 이 가게에 들러 그 맛을 즐겨 왔다. 걸음을 하면 할수록, 해가 더하면 더할수록 유서 깊은 가게의 위대함과 도쿄 토박이의 소탈한 멋을 깨닫게 된다.

지금 아버지의 뒤를 이어 가게를 꾸리고 있는 새 주인은 분쿄 6중학교인지 분린 중학교 출신이라는(참 지역 친화적이다.) 소문을 들은 적도 있다. 내 지인과 같은 반이었던 적도 있다. 태어난 곳에서 그대로 죽 자란 비슷한 나이의 사람인 듯하다.

옛날부터 계속되어 온 오래된 가게인데도 고답적인 구석이 전혀 없어 청바지를 입은 사람이나 회사에서 돌아가는 길에 부담 없이 들리는 사람이 많다는 점도 좋다. 옷차림이나 겉보기로 사람을 차별하거나 우대하는 일도 없는 가게였는데, 아들이 뒤를 잇게 되면 어떻게 변하려나, 하고 나는 그 아버지가 가게를 하던 때에 생각했다. 내가 살던 옛 동네에서는 후대에 이르러 가게가 부흥했다는 얘기보다 망했다는 얘기를 더 많이 들었던 것 같아서다.

아프신 어머니를 뵈러 친정에 갔다가 돌아오는 길이었다. 시간도 늦었는데 '한테이'에 들러 꼬치 튀김이나 먹고 갈까, 하고서 남편과 나와 꼬맹이 셋이 오랜만에 찾아갔다.

예약도 하지 않은 데다 꼬맹이까지 있는데도 점원은 싫은 내색 하나 하지 않고 자리를 안내해 주었다. 꼬맹이에게는 어린이용 의자 대신 겹친 방석을 준비해 주었다. 소스에도 겨자가 들어 있지 않았고, 된장 대신으로는 케첩을 갖다 주었다. 기지를 발휘할 줄 아는 사람들이 점점 줄어드는 매뉴얼 사회에서, 이곳만은 그렇지 않으니 감사할 따름이다.

주방에서 일하는 젊은 새 주인은 우리 꼬맹이를 보고서 메추리알과 고구마 꼬치를 얼른 튀겼다. 그리고 부인이 "이건 서비스예요. 얌전하게 있어서." 하며 갖다 주었다.

가끔 주방에서 갖가지 엉뚱한 소리를 하는 손님에게 툭툭 말을 던지는 소리가 들리는데, 그 목소리 또한 시답잖다는 투가 아니다. 유머러스하면서도 진심과 애정이 가득했다.

"아무리 늦게 오셨어도 그렇지, 자리에 앉자마자 주문 마감 시간이 다 되었다고 하기는 좀 그렇지. 거짓말이라도 좋으니까 한숨 돌릴 시간은 좀 드리라고." 그런 식으로. 아, 역시 도쿄 토박이로구나, 하고 푸근한 느낌이 들었다.

그리고 점원들이 너무 바빠 잘 보이지 않으면, 튀겨 낸 꼬치를 그냥 내버려 둘 수 없어 직접 테이블까지 들고 나온다. 일을 사랑하는군, 하고 나는 생각했다.

나이가 비슷한 나는 그의 속마음이 어렴풋이나마 이해가 갔다.

부모와 똑같은 방식으로 가게를 유지해 나가는 것이 얼마나 어려운지도 안다. 꼬치 튀김 메뉴는 계절에 따라 바뀌기도 하지만, 거의 늘 같다. 양과 질의 수준을 유지하면서 끊임없이 튀겨 내기가 정말 쉽지 않을 것이라고 생각한다. 맛이 떨어지면 단골손님들은 금방 발길을 끊을 것이다. 그 점을 받아들인 후에 아버지의 뒤를 이어 나가기로 마음먹은 그의 슬기로움에 감동했다.

젊은 시절에는 '미래는 무한하다.'라고 생각하는 법이고 실제로도 어느 정도는 그렇지만, 미래가 무한하다는 것과 비슷하게 어느 부분은 한정되어 있다는 사실은 중년이 된 후에나 깨달을 수 있다. 부모가 하던 일을 그대로 물려받았을 때, 부모가 위대하면 할수록 힘들지만 보람도 있다는 것을 진정으로 깨닫는 것도 아주 어려운 일이다. 젊은 때는 무슨 일이든 자기 방식대로 하고 싶기 때문이다. 그 젊은 주인은 진심으로 가게를 이어 나가고 싶어 하고, 꼬치 튀김을 사랑하는구나, 하고 생각한다.

사람의 마음이란 맛이나 돈, 장소의 호화로움만으로 움직이는 게 아니라 사람이 거기에 쏟은 애정에 의해 움직이는 것이다.

이렇게 사정도 잘 모르면서 쓰고 있는데, 그 젊은 주인이 전 주인의 아들인지도 실은 잘 모른다. 아무튼 멋진 가게 하나가 네즈에서 오늘도 수많은 사람에게 맛나는 음식을 제공해 주고 있고, 가게 안이 활기로 가득하다는 것만은 분명합니다.

바나나 키친

51

전에도 잠시 언급한 적이 있는데, 끝내 가정부를 쓸 수밖에 없게 되었을 때 그때까지 무슨 일이든 내 손으로 해 왔던 나는 패배감을 느꼈다.

그래서 불안한 나머지, 지시를 내리는 태도, 이쪽의 사정을 전면적으로 강요하는 방식으로 시작하지 않았을까 싶다. 집안일 때문에 사람을 고용한다는 사실이 싫어서 무의식적으로 상황 전체를 부정했던 것 같다. 그 일에 관해 시시콜콜 얘기하고 싶지 않은 기분이었다고 기억한다.

브라질에서 돌아온 M 씨는 우리 할머니와 얼굴이 비슷하게 생긴 데다 기가 세면서도 서글서글하고, 그런데도 마음 씀씀이는 아주 섬세하고 멋스럽기까지 해서 무척 푸근한 사람이다.

M 씨가 커피를 좋아해서, 언제부터인가 M 씨가 오는 날은 십 분 정도 커피 타임을 갖게 되었다. 물론 십 분 정도 일찍 오기 때문에 일하는 시간을 까먹는 것은 아니다.

대개는 베이비시터가 있는 때이기 때문에 과자 등을 먹으면서 잠시 얘기를 나누는데 이런 시간이야말로 인생에서 소중한 시간이라고 생각한다. 덕분에 일하던 나도 자연스럽게 틈을 내어 기분 전환을 할 수 있고, 머리도 맑아진다.

사람에 따라서는 '가정부를 위해서 커피를 사러 가고, 또 손수 끓이다니 괜한 시간 낭비'라고 생각할 수도 있을 것이다. 하지만 그런 약간의 수고로 행복과 웃는 얼굴과 여유와 휴식을 얻을 수 있다. 그리고 작은 수고들의 축적이 언젠가 정말 힘든 일이 생길 때 서로를 도울 수 있는 토대를 만든다. 보답을 기대하는 것이 아니다. 그리고 물론 신뢰할 수 있는 사람이 아니면 그런 시간을 공유할 수 없다. 그것은 그저 운 좋은 만남이다. 일을 좋아하고, 인간으로서 뒤틀린 짓은 하고 싶어 하지 않는, 그런 사람을 찾는다. 자라 온 환경이 달라도, 모든 것이 맞지 않아도, 그 일을 하는 세계 속에서는 사이좋게 지낼 수 있다. 완벽을 추구하지 않는다. 나 역시 완벽하지 않으니까. 그런 것들을 배운다.

커피를 살 때면 언젠가 M 씨의 웃는 얼굴이 떠오른다. 어차피 우리가 마실 커피를 사러 가는 길, 일부러 가는 것이 아니다. 맛있는 원두를 사게 되어, 다른 사람도 기뻐한다. 약간의 돈으로 행복이 늘어난다.

'항상 원두를 준비해 두어야 하니 돈이 든다.'라고 생각하면, 감정적 빈곤의 악순환이 시작된다. 사람끼리 서로 통하기만 하면 '미안하네! 오늘 커피 사 두는 걸 깜박했어!' '어머,

'그래요'로 끝나는 일이다. 그러고는 맛있는 차를 마시면 된다. 그런 때 짜증 난 표정을 짓는 사람과는 애당초 인연이 없는 것이다.

아무리 돈을 받는다지만, 남의 집을 청소하는 것은 쉬운 일이 아니다. 한 번이라도 남의 집 청소를 해 봤다면 알 수 있을 것이다. 간혹 가정부가 있는 집 아이들이 가정부를 차별하고 낮잡아 본다는 얘기를 듣는데, 그런 일은 정말 최악이다. 그 아이들은 부모를 보고 그렇게 하는 것이니, 만약 아이들이 그런 태도를 보인다면 자신을 부끄러워해야 할 것이다.

그렇게 안이한 소리를 하다가 가정부로 들어온 사람이 뭘 훔쳐 가기라도 하면 어떻게 할 거냐고 하는 사람도 가끔 있는데, 그런 생각을 갖고 있어서야 집에 아무도 들여놓을 수 없다. 만에 하나 그런 일이 생기면 사람을 보는 자신의 눈을 의심하는 도리밖에 없다. 사람을 쌀쌀맞게 대하고 깔보는 것보다는 그쪽이 훨씬 낫다. 그런 인생을 사느니 이런저런 일에 부딪쳐 보는 쪽이 좋다.

나는 M 씨에게 브라질 요리도 배웠고, 마당의 나무를 어떻게 돌보아야 하는지도 배웠다. 그저 가정부로, 문제가 생기지 않기를 바라는 마음으로, 매정하게 대했다면 몰랐을 많은 것들이 있다.

그리고 지금까지 몇 번의 경험으로 안 한 가지는 프로가 아닌 사람은 안 된다는 것. 집 안에 함께 있는 사람이기 때문에 가족과 가까우면 가까울수록 빈틈이 생겨 생각지 않은 탈이 생긴다. 어떤 분야에서든 프로는 균형을 잘 잡는다. 사소한 실수가 있어도 구질구질하게 변명하지 않고 곧바로 행동으로 메운다. 거북한 일이 있으면 당당하게 말하고 바로 수정하는 것이 최고다. 절대로 담아 두지 않고, 뒤에 남기지 않는다. 이 또한 큰 공부가 되었다.

다소 골치 아픈 일을 경험하면 그만큼 확실하게 공부가 되는군, 하고 생각했다. 인생이란 쓸모없지 않다.

그럼에도 게으름뱅이인 나는 꿈을 꾼다. 언젠가 또다시 너저분한 방에서 가족끼리 올망졸망 지낼 수 있는 날이 오리라고.

52

시대가 많이 바뀌어 설음식을 직접 만드는 집이 줄어들었다. 해마다 백화점에 가면 쌓여 있는 각종 음식점의 카탈로그

에서 기분에 따라 좋은 것을 골라 주문하든지, 단골 가게에 예약한 후 연말에 사는 사람들이 늘었다.

그렇다고 딱히 한탄할 일은 아니다. 중요한 것은 가족들의 추억이라고 생각하니까. 떡국 외에 손수 만든 몇 가지 음식을 둘러싸고 모두 함께 설날의 감상을 얘기할 수 있다면 그것으로 족하다.

우리 어머니는 몸이 약한 반면 책임감은 남보다 두 배는 강해서, 연말이면 설음식을 만드는 데 거의 목숨을 건다고 해도 과언이 아닐 정도였다.

지금은 언니가 만드는데, 몇 가지는 사서 벌충을 하는 등 융통성 있게 하고 있다. 그런데도 힘겨워 보이니, 옛날 사람들은 참 힘들었겠다고 생각한다.

어머니는 몸이 안 좋아도 도와 달라고 솔직하고 명랑하게 부탁하는 타입이 아니었기 때문에 몸이 안 좋으면 안 좋을수록 속상해했다. 아니, 사람을 명랑하게 대할 여유가 없었던 것이라고 생각한다. 때문에 아이들은 무서워서 가까이 다가가고 싶어 하지 않았고, 그러면 어머니는 점점 더 언짢아했다. 늘 그런 식이어서, 섣달그믐은 내게 기본적으로 끔찍한 날이었다.

어린 탓에 '설음식 따위는 안 먹어도 좋으니까 즐겁게 지내고 싶다.'라고 말할 수 없었던 것이리라. 요즘 시대 같으면 사

오면 그만이지만, 당시에는 절대 그런 일은 있을 수 없었다.

'네가 그렇게 말한다고 그럴 수 있는 건 아니지!'란 말을 들을까 봐 겁이 나기도 했으리라. 어머니 역시 너무 상태가 좋지 않아 '좀 도와줄래?'라는 말을 할 수 없었던 것이리라. 그래서 즐거워야 할 그믐날이 점점 무거워졌다. 대화 부족이 엄청난 사태로 번지는 경우는 종종 있지만, 슬픈 일이다. 지금이 되어서야 그렇게 생각한다.

옛날에는 설날을 위해 준비하는 음식과 조림 요리가 주부의 작품이며, 새해에 찾아오는 손님을 대접하는 동시에 솜씨를 자랑하는 볼거리였을 것이다. 시대가 변해 중요한 몇 가지만 준비하고 그다음은 다 함께 즐겁게 지내면 된다고 사고가 바뀐 것이 우리 집 같은 가정에서 괴롭게 지낸 내게는 그저 좋은 일만 같다.

실제로 언니가 어머니의 뒤를 이어 설음식을 준비하게 된 후로는 찬합에 시판품인 탄두리 치킨이나 생햄이 들어 있곤 한다. 융통성을 발휘해서 적당히 하기 때문이다. 국물도 닭뼈로 우리는 것이 언니의 방식, 그 탓에 맛은 다소 거칠다. 하지만 마음 편히 즐겁게 먹을 수 있다. 반면교사다.

그러나 화를 내면서도 해마다 만들어 준 어머니에게는 역시 감사한다.

모두들 욕실 타일 바닥에 놓여 있던 커다란 솥에 씻지도 않은 손을 쑥 집어넣고 몰래 꺼내 먹은 탓에 두부가 쉬어 버렸던 일도 지금은 웃을 수 있는 좋은 추억거리다. 요새는 어머니도 그때 일을 얘기하며 함께 웃는다. 세월과 함께 모든 것이 재미난 추억이 되어 가고 있다. 시간은 정말 약인 것 같다.

53

우리 꼬맹이는 의자에 얌전히 앉아 먹어 주지 않는다. 금방 싫증을 내고는 자리에서 일어난다. 그러고는 남긴 밥을 전부 개에게 빼앗기고서, 돌아와 "내 밥 어디 갔어?" 하며 울음을 터뜨린다. 개들은 꼬맹이가 자리에서 일어나기를 내내 기다렸으니, 아직은 개가 더 영리하다.

남의 집에 가면, 우리 꼬맹이가 바닥에 떨어진 것을 날름 주워 먹는 통에 사람들은 깜짝 놀라고 나는 창피해 죽는다. 우리 집에서는 먹을 게 바닥에 떨어지면 저만치서 개가 달려와 싹 핥아 먹기 때문에 붙은 버릇이다.

꼬맹이는 떨어진 음식도 바로 주우면 먹을 수 있다고 생각하는 것이다. 다부지다고 하면 다부지고, 한심하다고 하면 한심한 일이다.

54

바쁠 때에는 꼬맹이 밥을 대충 차려 주는 일이 많다. 빨리 식으라고 싹둑싹둑 잘라서 깨지지 않는 접시에 아무렇게나 담아 준다. 그러니 꼬맹이가 마음속으로는 크게 상처를 입지 않았을까 싶다.

물론 번듯한 접시에 포크와 나이프를 사용해서 제대로 먹어야 한다는 생각은 하지 않지만, 깔끔하게 담는 성의는 어느 정도 필요하겠다고 느낀다. 꼬맹이들은 어른처럼 먹을 수 있다는 것을 자랑스러워하는 듯하다.

어제도 떡국을 먹는데, 떡을 조그맣게 잘라서 조그만 그릇에 덜고 국물도 조금만 따라 주었더니, 내 예쁜 그릇 속을 몇 번이나 들여다보면서 "그거하고 같은 거야?" 하고 물었다.

다르면 조금 슬퍼지는 모양이다.

옛날에 무슨 상의 부상으로 이탈리아의 코모 호숫가에 있는 멋진 호텔, 원래는 귀족의 저택이었다는 '빌라 데스테'에 묵은 적이 있다.

아침 식사 때 귀족의 아침 식사 풍경을 보았다. 애당초 평일 아침 식사를 그렇게 고급 호텔에서 먹는다는 것 자체가 옛 귀족이기에 가능한 일이라고 생각하지만. 일본으로 하자면, 매일 오쿠라 호텔에 아침을 먹으러 오는 가족을 떠올리면 감이 딱 올 것이다.

구성원은 조부모, 아들과 딸, 그리고 손자들. 손자들은 다섯 살쯤 되어 보이는 여자아이와 일곱 살쯤 난 남자아이, 손자 둘은 새하얀 옷을 입고 반듯하게 앉아 얘기하면서 식사했다. 시끄럽게 조잘대는 일은 없었다. 그 나이의 아이들에게 새하얀 옷을 입혀 밥을 먹게 한다는 것도 대단한 일이지만, 테이블 매너나 고급 호텔에서 지켜야 할 태도를 몸에 익히게 하는 것도 힘들었으리라 생각한다. 그런데, 완벽하게 해내고 있었다. 나 이상이었다고 해도 과언이 아닐 만큼.

저거야말로 계급이란 것이로구나, 하고 생각하는 동시에 그들이 걸어왔고 또 걸어가야 할 인생을 생각했다. 저 상태를 유지하기 위해 그들이 얻어야 하는 것, 그리고 버려야 하는 것. 아시아에는 거의 존재할 수 없는 어떤 삶의 형태.

55

미유키 씨는 위장병으로 몇 번이나 죽다 살아난 탓에 지금은 딱딱한 음식을 거의 먹을 수 없는 상태다.

모두가 맛나게 식사하고 있는데, 칼로리 메이트 같은 것을 한 캔 마시고는 잘 먹었다고 한다. 그의 기본적인 식사는 그렇다.

그런 데다 약의 부작용 때문에 몹시 우울해지는 때도 있다고 한다.

얼마나 딱한지 모른다. 고향 집을 뛰쳐나와 도쿄에서 홀몸으로 퀵서비스 일을 하며 인생을 헤쳐 온 사람이다. 그런 무리한 생활 때문에 병을 얻은 그.

고향을 떠난 그가 바라는 유일한 소원은 '깨를 뿌린 찰떡을 먹고 싶다.'라는 것뿐. 그래서 설날이면 가끔 찾아와 미안하다는 표정으로 언니에게 깨찰떡을 부탁하곤 한다.

미유키 씨는 미인을 워낙 좋아해서 지금까지 부인이 없다. 어떻게 좀 안 되나, 누가 없으려나, 하고 깨찰떡을 먹고 있는 그의 등을 바라보면서 간절하게 생각한다. 중매쟁이가 생겨난 근원도 이런 간절함에 있을 것이다.

괴롭고 슬프고 도저히 어찌할 수 없는 일이 겹치는 것은 어떤 이의 인생에도 있는 일. 타인은 아무것도 해 줄 수 없다. 깨찰떡을 만들어 주는 정도 외에는. 하지만 깨찰떡이나마 없는 것보다는 있는 편이 절대적으로 좋다. 그것이 인생을 비추는 작은 빛이 될 수도 있으니까.

56

최근 무슨 일이든 꼼꼼하고 조심스럽게 하는 풍조가 유행하고 있다. 그렇게 하지 않으면 안 된다고 생각하는 사람까지 생겨 놀라울 따름이다. 요즘 젊은이들의 성실함에는 감동스러운 한편 걱정스러운 면도 있다.

쌀도 살살 씻는다. 시금치도 흙을 조심조심 털어 내고 살짝 데친다.

걸레며 앞치마며 하나에서 열까지 전부 손으로 직접 만든다. 아무튼 꼼꼼하다.

그릇도 재질에 따라 손질하는 방법이 다르고, 냄비는 언제나 반짝거린다.

젊은 사람들이 이런 사상(이라고 해도 별 지장 없다고 생각한다.)을 배우는 것은 훌륭한 일이라는 생각도 한다. 반면 나는 지나치게 성실한 것도 시대적인 병일지 모른다는 생각을 한다.

요즘처럼 만사 서두르는 시대에 그런 사람들이 빛나 보이는 것은 당연한 일이지만, 모두가 그렇게 하기는 좀 힘들지 않을까 싶다. 형태가 없는 어떤 것에 열정을 쏟으면 분명 되돌아오는 것이 있다. 어차피 하는 집안일, 즐겁게 하자는 진취적인 주부들이 즐겁게 하기 위해 고안한 여러 가지 방법들은 그 자체로 예술이기는 하지만, 그렇게 하는 사람은 진짜 좋아서 그렇게 하는 것이며 생활 패턴이 이미 그렇게 짜여 있다.

문제는 모두가 그쪽을 지향해야 한다고 믿고서, 젊고 성실한 사람이 지나치게 애를 쓰는 것은 아닌지, 하는 것이다.

지금은 과도기라서 눈이 핑핑 돌 정도로 바쁜 사람이 굳이 밤새워 제 손으로 걸레를 만들고, 잠시 틈이라도 나면 책을 읽고 싶은 직장 여성이 뚝배기 앞에서 밥이 다 되기를 기다린다.

'옛날로 돌아간다 함은 여자에게는 그저 옛날처럼 불편해지는 것을 의미한다.'라는 속사정이 누락되어 있다.

그런 시간을 정말 좋아한다면 그렇게 하는 편이 좋다.

할 일이 아주 많은 사람이 집 안은 엉망진창이고 부엌에서 밥 한 번 지어 본 적이 없다고 한다면, 그 또한 하나의 인생이라고 생각한다.

그런 전제하에 좋아하는 물건으로 집 안을 채우는 것은 매우, 매우 중요한 일이다.

갖가지로 시도해 보는 가운데, 각자의 스타일을 찾아가는 시대가 도래하고 있는 것이리라. 예전에 비하면 선택할 수 있는 시대라는 것만으로도 멋지다. 다양한 라이프스타일이 있는 반면 사는 세계가 전혀 다른 사람들끼리는 교류하지 않는 세분화의 시대인지도 모른다. 이런 생각을 하다 보면 여러 가지로 깨우치는 바가 있다.

예를 들어 나는 바쁘다. 그리고 하고 싶은 일이 아주 많다.

동물을 많이 키우기 때문에 세제의 독성에는 상당히 예민한데, 이는 동물을 위해서지 지구를 위해서는 아니다.

빨래는 세탁기에 맡기고, 다림질은 하지 않는다. 바쁘니까.

하고 싶은 일이 있으니까. 다림질을 해야 하는 옷을 입을 기회가 많지 않으니까. 다림질이 필요한 때는 세탁소에 맡긴다.

보통 치약은 향이 너무 강하기 때문에 자연 식품을 취급하는 곳에서 거품이 많이 나지 않는 치약을 사다 쓴다. 하지만 그 역시 나를 위해서지, 딱히 대단한 생각은 없다.

밥은 전기밥통으로 짓는다. 물의 양만 잘 맞추면 밥이 맛있게 되고, 그동안 나는 일할 수 있다.

채소는 주로 주문해서 먹는데, 사러 나가기가 귀찮은 데다 맛도 있기 때문이다.

아주 추울 때에는 채소를 더운물에 씻는다. 가엾다느니 생명이 어쩌고 하는 관점에서 보면 먹히는 게 더 가엾은 일이고, 더운 물에 씻은 후에 바로 데치면 별 차이가 없다. 차이가 날 만큼 섬세한 요리는 만들지 않는다.

뭐든 전자레인지에 돌리지만, 그렇게 해서 맛이 떨어지는 음식은 만들지 않는다.

라이프스타일에 맞춰 취사선택한다.

내가 편집자라면, 직장 여성이라면, 주부라면, 아이가 없다면……. 상황에 따라 내용은 얼마든지 바뀐다.

중요한 것은 각자가 지구나 환경이 아니라 자신을 보다 소중하게 여기느냐 아니냐라고 생각한다.

이유가 없고 필연성이 없는 노력은 허망하다.

이유가 없고 필연성이 없는 사치, 청소는 허망하다.

전문 모델은 일상생활에서는 화장도 거의 하지 않고 멋도 부리지 않는다. 미용과 자세에는 무척 신경을 쓰지만.

두꺼운 화장에 한껏 멋을 내고 걸어 다니는 경우는 초보뿐이다.

진정한 요리사는 어떤 슈퍼에서 산 재료로도 맛있는 음식을 만들어 낸다. 물론 신선도만은 꼼꼼하게 체크하지만.

진정한 작가는 컴퓨터 한 대나 펜과 종이가 있으면 소설을 쓴다.

그런 게 아닐까.

57

다치하라 우시오 씨가 에비스에서 운영하던 전통 요리점 '다치하라'는 없어졌지만, 지금도 문득문득 그 가게의 국물 요리와 초무침 요리와 흰살 생선찜의 맛이 되살아난다.

맛있는 것과 맛있는 것을 함께 먹으면 어쩔 수 없이 맛이 진해지는 법인데, 그는 정말 먹는 걸 좋아했는지, 조합이 언제나 절묘했다.

아마레토 |아몬드 향이 나는 리큐어.| 향이 살짝 풍기는 단팥죽의 맛도 떠오른다.

이미 내 안에서 그 맛을 지울 수는 없다. 아마 내가 죽은 후에도 그러리라.

아무도 없는 '다치하라' 앞을 지날 때면, 그 맛과 향이 아련히 뇌리를 스친다.

그리고 감미로운 기분에 젖는다. 이런저런 때, 이런저런 사람들과 참 많이도 다녔다. 참 맛있기도 했고.

아직 어렸던 내가 먹고 싶은 나머지 기를 쓰고 어른을 따라가 전통 요리의 진실을 배운 가게였다.

물론 다치하라 씨에게 연락을 하고 집으로 쳐들어가 만들어 달라고 하면 재현할 수 있다.

하지만 그게 다가 아니다. 가게에서는 시간과 공간과 자유를 함께 음미한다고 생각한다.

다치하라 씨가 없는 가게 빌딩의 입구 앞에 서서 지금까지의 많은 추억을 되새겨 보았다. 허전했지만 그 듬직한 등과 손으로 세심하게 살며시 음식을 그릇에 담는 다치하라 씨의 모습이 마음에 새겨져 있어, 고맙다고만 생각했다.

58

 콩과 감자를 좋아하는 아들의 생일에 언니가 콩을 활용해 온갖 요리를 해 주었다.

 콩과 돼지고기 찜, 누에콩과 고구마 파이, 콩밥.

 아들은 콩만 요리조리 골라서 먹었다. 고구마 파이는 덥석덥석 전부 먹었다.

 자신을 위해 어떤 이가 무언가를 만들어 준다는 것, 아직 아들은 그런 걸 모르지만 성장하면 이 맛을 그리워할 것이라고 생각한다.

 언니가 지은 구수한 밥이 등장하기 전, 내 '영혼의 음식'은 야나카 긴자의 반찬이었다.

 아버지는 몸이 약한 어머니를 대신해 매일 반찬을 사러 다녔고 밥을 지었다. 그리고 버터에 고기를 볶고, 전갱이를 굽고, 시금치를 데쳐 나물을 만들고, 그다음은 사 온 반찬. 식은 크로켓과 바삭하게 튀겨 낸 어묵, 비엔나 소시지, 감자 샐러드, 그런 것들.

 지금 비교적 성실하게 내 손으로 식사 준비를 하고 있지만, 그 시절 아버지가 만들어 준 기름기 많은 음식이나 지금은 이미 없는 야나카 긴자 가게들의 반찬처럼 숙달된 솜씨라는 느낌은 없다. 언제나 먹었기 때문에 몸이 기억하고 있을 뿐, 먹고 싶다는 생각은 들지 않는다. 그런데 아주 가끔 그 시절로 돌아가 그 딱히 맛있지도 않은 온갖 것들, 그 당시 반찬 가게 아저씨와 아줌마가 날마다 만들었던, 그러나 지금은 없는 반찬들이 마구마구 먹고 싶어진다.

해가 질 시간, 야나카 긴자는 반짝반짝 빛났다. 차 가게 아저씨는 가게 앞에서 차를 볶았고, 생선 가게 대야에는 산 미꾸라지가 꿈틀거렸고, 채소 가게 아저씨는 쌓여 있는 채소 앞에서 손님을 부르느라 목청을 돋웠다. 휘황한 불빛 아래 온갖 먹거리가 빛나 마치 축제 날처럼 보였다. 나는 그 광경의 기운을 함께 먹었던 거라고 생각한다.

59

근처에 '대마당'이라는 독특한 가게가 있다. 주인 아저씨는 마에다 고이치라는 필명으로 대마에 관한 책도 출간했다. 길거리에서 어슬렁대는 모습이 그야말로 세계를 떠도는 나그네다.

그가 운영하는 마 요리 가게 '아사(麻)'의 요리는 맛있고 건강에도 좋다. 분위기가 좋아 꼬맹이를 데리고 가도 무방하기 때문에 비교적 자주 간다. 모든 재료는 마인데, 꼭꼭 씹다 보면 견과류의 진한 맛이 난다. 두부와 채소에도 마 열매가 들어 있고, 마 기름이 사용된다. 마 크로켓과 마 커피까지 있다.

마 맥주를 마시고 마 요리를 신나게 먹다 보면, 왠지 모르게 익숙하고 야릇한 느낌이……. 많이 먹으면 마 열매도 조금은 효과가 있나(의뭉스럽기는.) 생각하지만, 뭐라 말할 수 있는 정도는 아니다. 다만 변비가 낫는다. 아무리 심한 경우라도, 신기할 정도로 뚝 낫는다.

섬유질을 많이 섭취하자고들 하는데, 평소 꽤 많이 섭취하고 있다고 믿는 양이 대수롭지 않은 것인지, 매일 이 정도는 먹어야 되는 게 아닐까 하고 늘 생각한다.

60

굴 알레르기는 몇 번을 겪어도 정말 대단하다.

몸속에 사는 나와는 다른 생물이 점점 세력을 넓혀 가면서 나를 잠식해 가는 느낌이 독감과 비슷하다. 또 단순 헤르페스 바이러스가 활성화하고 있을 때도.

보통 상태가 안 좋을 때에는 몸과 정신이 나란히 이상해지는데, 굴 알레르기가 생겼을 때는 몸이 먼저 폭 고꾸라지고, 정신은 그 조금 전부터 다른 세계로 옮겨 가기 시작한다. 물론 그렇다는 것을 나중에야 알게 되지만, 이 멍한 느낌은 꽤 리얼하고 겁난다.

이번에는 남편과 둘이 나란히 걸렸다.

굴을 먹은 날 밤(그것도 겨우 세 개를 먹었을 뿐으로, 신선한 데다 유자초에 절인 것이었는데.), 우리 둘은 밤길을 걸어 돌아왔다. 그리고 이틀 후부터 둘 다 상태가 심각해져 일주일 정도 정신이 오락가락했다. 나는 며칠이나 열이 펄펄 끓어 몸져 눕고 말았다.

굴 쇼크에서 간신히 헤어나 같은 길을 차를 타고 지나갔다.

나 그날, 이 길을 걸어서 돌아갔는데, 생각해 보면 그때는 이미 배 속에 굴이 들어 있었어.

남편 잠복 기간이었던 거지. 꼭 에일리언 알이 배 속에 있는 식으로 말이야.

나 그런 줄도 모르고 태평하게 걸어가면서 행복해했다니. 영화 같으면 감독은 물론 카메라맨, 관객도 다 아는데 본인들만 모르는 장면이겠지.

무언가를 이겨 낸 사람들처럼, 그런 얘기를 심각하게 나누고 말았다.

그 정도로 힘겨운 체험이었다. 스스로는 괜찮다고 생각하지만 나도 모르는 사이에 찾아오는 것이 굴 알레르기다.

지금까지 가장 심했던 것은 2월의 파리에서 생굴을 스무 개 정도 먹고 난 후였다. 여러 명이서 먹었는데 나와 다른 사람 하나만 알레르기가 생겼다. 양이 문제였는지, 내 체질이 그런 건지 모르겠다.

그때도 물론 굴은 신선했다. 몇 번이나 확인했고, 의식적으로 레몬즙을 듬뿍 뿌려 먹었다. 그날은 별일 없었고, 다음 날도 멀쩡했다. 그저 머리가 좀 멍했던 것만 기억하고 있다.

그런데 이틀 후, 씩씩하게 놀러 간 친구의 집에서 저녁을 먹으며 요리는 하나같이 맛있는데 왠지 기분이 축 늘어지고,

와인 맛이 살짝 다르게 느껴졌다. 다른 음식 맛은 이상하지 않은데 와인만 조금 이게 아닌데, 좀 이상하네, 싶었다. 그런 후, 졸리지도 않은데 내가 누워 있다는 것을 깨달았다. 하고 싶은 말도 있었는데, 입에서 말이 나오지 않았다.

그날 밤부터 구토와 설사가 나를 덮쳤다. 사흘 동안 누워 꼼짝도 하지 못했고, 식사를 제대로 못해 살이 조금 빠졌다.

그런 일까지 당했으면 더는 먹지 말아야지, 하고 통감한다.

앞으로의 내 인생, 더는 굴이 없는 인생이란 말인가, 생각하면 감회가 깊다.

아무 생각 없이 굴을 먹었던 시절이여, 안녕. 즐거웠어!

61

앞에서 소개한 다시마 소금이 더 이상 제조되지 않는다고 한다.

도모에게 직접 전수받은 볶음밥을 열심히 만들어 먹던 터라 충격이 컸다. 칼디 홈페이지에 질문을 남겼지만 대답이 없어서, 용기에 적힌 제조원에 직접 전화를 걸어 이유를 물었더니 "소금을 만드는 기술자가 그만두어서 같은 맛을 낼 수 없기 때문입니다."란다. 실망······.

그런데 왜 기술자가 레시피를 남기지 않았을까? 무슨 옥신각신이라도 있었을까? 다른 제조원에 스카우트라도 된 걸까?

이런저런 상상을 해 보지만 허망함이 가시지 않았다. 비슷한 소금을 찾으며 살아가는 도리밖에 없었다.

찾고 찾다가 드디어 '로쿠스케 소금'을 발견했다.

물론 다시마 소금과는 맛이 전혀 다르지만 그래도 꽤 비슷하다. 갖가지 맛소금의 맛을 음미하는 여정은 혀에 남는 다시마 소금의 뒷맛을 떠올리고 재현하면서 더듬어 간 긴 길이었다. 화학조미료 맛이 아니라 탁 쏘는 듯 짭쪼롬하고 다시마 맛이 나는 그런 뒷맛.

그동안 꽤나 즐거웠다. 지금 눈앞에 없는 맛을 찾는 여정이 마치 추리 소설 같았다.

62

 태국인인 탐 씨와 비 씨가 집에 와서 태국 카레 만드는 법을 가르쳐 주겠다고 한다. 나는 설레는 마음에, 각종 스파이스가 필요하겠지, 이참에 신오쿠보까지 사러 나가는 것도 마다하지 않겠어, 하고는 물어봤더니 웬걸 태국 카레 페이스트를 사용한다지 않는가. 실망이다. 하지만 그것도 잠시였다.

 그들에게서 새로운 사실을 여러 가지 배웠다.

 다른 사람들은 알고 있는지 모르겠지만, 나는 전혀 몰랐다.

 우선 코코넛 밀크를 뜨거운 물에 섞어 잘 저어 가며 부글부글 끓인다. 이때 기름이 나오게 하는 것이 아주 중요하단다. 보통 거품으로 알고 있는데, 기름이기 때문에 걷어 내서는 안 된단다. 그 기름이 맛의 비결이라는 것. 일본 사람인 나는 코코넛 밀크에서 부글부글 생겨나는 거품을 걷어 내고 싶어 몸이 근질근질 미칠 지경이었다.

 그 후에 마치 인스턴트 커피를 끓이듯 카레 페이스트를 넣어 묽기를 조정한다. 이렇게 이른 단계에서 페이스트를 넣다니, 도무지 믿기지 않았다. 아직 다른 재료도 넣지 않았는데,

고형 페이스트를 먼저 녹이는 거잖아요?

그리고 채소, 마늘, 남플라 등등을 적당히 넣고 마지막으로 날고기를 툭 던져 넣는다.

그것도 충격이었다. 하지만 그렇게 해야 부드러운 상태에서 고기를 먹을 수 있단다.

일본 사람의 감각으로는 먼저 고기를 살짝 볶고 싶어지는데…….

그들 말로 태국에서도 고기를 볶는 사람들이 있는데 그렇게 하면 기름기가 많아지기 때문에 보통 집에서 먹을 때는 이렇게 끓이기만 한단다. 그리고 시골에서는 다들 스파이스로 만들지만 도시에서는 대개 페이스트를 사용한다고 한다.

그리고 밥 위에 카레를 끼얹지 않는 것도 중요하다고 한다.

이렇게 모르는 게 많았다니. 이렇게 달라도 괜찮은 걸까요?

그렇게 다른 나라의 문화를 흡수한 후에 같이 요리를 배운 사람들이 작은 테이블에 모여 앉아 냠냠 먹었다. 행복한 일이었다.

63

그 전통찻집의 언니가 끓여 주는 차는 전혀 맛이 다르다.

전통차 강사 자격증이 있어서가 아니고, 다기가 예뻐서도 아니고, 차가 좋아서도 아니다.

그런 경험을 전에도 어떤 집에서 한 적이 있다.

강한 불에 물을 끓이는 것은 의미가 없다, 주전자만 상할 뿐 백해무익하다. 그렇게 모든 주전자의 설명서에 쓰여 있는데, 그 집에서는 활활 타오르는 강한 가스 불에 무쇠 주전자를 얹어 놓고 물을 끓였다.

옛날 학교의 마루 널을 사용한 그 조그만 방의 널바닥은 반짝반짝하게 빛났다. 그리고 베란다에서는 상쾌한 봄바람이 불어 들었다.

"바빠? 차 마실 시간 있겠어?"

친구가 물었다.

나는 고개를 끄덕이고서 차가 나오기를 기다렸다. 그녀는 활활 타오르는 불에서 끓인 물로 막차를 우려 주었다. 차의 맛이 정갈한 방 분위기와 함께 몸에 스미는 듯했다. 먼저 눈이 '맛있다'고 말했다.

그때와 비슷하다.

그 전통찻집의 언니가 끓여 주는 차는 언제나 달짝지근하고, 너무 뜨겁지 않고, 눈이 반짝 뜨일 만큼 맛있다.

어느 날, 꼬맹이와 함께 그 찻집에 가서, 자리에 앉아 차가 나오기를 기다렸다.

꼬맹이는 조그만 도마와 조그만 파인애플과 키위를 자를 수 있는 소꿉놀이 세트를 들고 있었다. 그리고 3센티미터 정도의 아주 조그만 칼로 그 과일을 자르고 있었다.

언니가 차를 들고 와 말했다.

"우와, 그 칼로 정말 자를 수 있어? 나도 해 보고 싶다."

그러고는 그 날랜 손으로 3센티미터짜리 도마 위에 2센티미터짜리 키위를 올려놓고 3센티미터짜리 칼로 송송 잘랐다. 문득 키위의 달콤한 향이 피어오르는 듯한 착각이 들었다.

이게 마법의 손이라는 거구나, 하고 나는 생각했다.

64

우리 어머니는 먹는 것에 도무지 관심이 없다.

정체(整體) |몸의 관절, 골격 등을 바로 잡는 대체 의학의 일종.| 의 노구치 |野口晴哉. 일본의 정체 창시자.| 선생은 "몸이 쇠약할 때 먹지 않는 것은 몸이 그러기를 원하는 것이기 때문이며, 건강을 되찾기 위한 작용이다. 먹지 않으면 갈망과 욕구가 생겨나고, 살려는 기력이 생긴다."라는 말을 했는데, 그 시절에 그런 말을 하다니 대단한 사람이라고 생각된다.

그리고, 이 사상 속에는 '그래도 안 되면 자연의 섭리를 따라 죽는 것이 건강의 의미'라는 단념이 포함되어 있다. 그 점이 바로 그의 사상에 반발감을 느끼는 사람이 아직도 많은 가장 큰 이유라고 생각한다.

그 시절은 그래도 죽음이 바로 옆에 있었다. 모두가 굶주리고 있었고, 배불리 먹는 것이야말로 좋은 일이며, 먹을 수만 있으면 괜찮다는 사고가 중심이었다.

어머니는 어떻게 보면 그 사고의 희생자였다. 결핵 때문에 몸이 쇠했으니 먹으라면서 영양가 있는 음식을 하도 들이대는 바람에 먹는 것에 염증이 나고 말았단다.

그런 어머니가 두 달 넘게 입원해 있다가 거의 막바지에 이르러 "뭐라도 좋으니까 내 눈앞에서 만든 것을 먹어 보고 싶구나." 하고 처음 먹는 것에 의욕을 보여 감동했다.

아, 기력이 돌아왔구나 싶었다. 입원 초기에는 아무것도 먹지 못하는 데다 먹을 마음도 없다면서 무엇 하나 원하지 않았다.

병원에는 언니가 틈틈이 면회를 가고 있고, 컵라면도 있고, 또 요즘 병원식은 따뜻하게 나오기 때문에 식어서 맛이 떨어지는 일도 없다.

그런데도 어머니는 그렇게 말했다. 나는 안도했다.

눈앞에서 누군가가 음식을 만드는 풍경까지 갈망했다는 사실에, 늘 아무것도 먹고 싶어 하지 않았던 어머니 안에서 아직도 불타오르는 생명의 불꽃이 그렇게 말하도록 했다는 것에.

65

도모가 집에 들러 후다닥 식사 준비를 해 주었다.

도모가 부엌에 있으면 언제든 안심이 된다. 허둥대기도 하고 혼잣말을 중얼거리기도 하는 보통 사람인데, 두 말이 필요 없는 요리사로서 식탁을 차려 주니, 왠지 귀엽다.

일본에서 말하는 '스파게티'. 참치와 토마토 맛이었다. 올리브도 케이퍼도 없어서 검은 후추를 갈아 뿌리고 허겁지겁 먹었다. 다소 부드러운 면발은 일본 사람이 좋아하는 맛. 집에서 먹는 맛.

이렇게 생각하는 주부들이 많지 않을까. '이렇게 누가 만들어 주는 평범한 것을 먹고 싶었다!'라고.

헤어진 남자 친구를 생각할 때면 늘 그가 만들어 준 된장국의 맛이 떠오른다.

요리란 정말 대단한 것이다. 뭔지 몰라도 결정적인 힘을 지니고 있다.

남자들이 말은 그렇게 하지 않지만, 결혼하고서 느끼는 가장 큰 충격은 매일 먹는 반찬이 어머니의 손맛과 전혀 다르다는 사실이 아닐까. 그리고 이혼하고서 가장 그리운 것은 헤어진 아내보다는, 불현듯 떠오르는 아내의 손맛이 아닐까.

66

포라는 베트남 쌀국수를 베트남에서도 일본에서도 우리 집에서도 몇 번이나 먹었다. 맛있다고 생각은 하지만, 결정적으로 맛있는 음식이라기보다는 그저 가볍게 먹을 만한 것이라 여겼다.

친구들이 하와이에 있는 '할레 베트남'이란 가게의 포가 엄청나게 맛있다고 했을 때, '그럴 리가 있나. 그렇게 차이가 날 것 같지 않은데. 게다가 하와이라면.'이라고 생각했다. 그래서 하와이에 갔을 때, 기왕에 온 거 한번 가 보자 싶어 여럿이서 우르르 몰려갔다. 이렇다 할 것 없는 주택가 인근에 있는 그 가게는 전형적인 미국식 가게. 넓기만 할 뿐 썰렁하고 딱히 특별하지도 않고. 이렇게 멀리까지 와서 꽝이면 어떻게 하지 싶은 분위기도 없지 않았다.

그런데 포가 나와 모두들 한입씩 후르륵 먹어 보고는 말이 없어졌다. 그러고는 저마다 한마디씩 이렇게 말했다.

"야, 맛있는데. 진짜 맛있어."

"정말 맛있다."

"국물도 맛있고."

"어쩜 이렇게 맛있을 수 있지."

꼬맹이도 자기 젓가락으로 냠냠거리며 두 그릇이나 먹었다.

그렇구나, 이게 진정한 포의 맛이로구나, 지금까지 먹은 건 다 모조품이었어, 하는 생각이 들 정도로 맛있었다. 아마도 살을 발라 낸 통닭으로 국물을 오래 우려내기 때문 아닐까 생각한다. 화학조미료 맛은 없었다. 신선한 민트와 숙주와 고추와 누크맘|생선을 발효시켜 만든 태국 전통 장|을 나름대로 적당히 섞었을 뿐인데 이렇게 미묘하게 맛이 달라지다니.

왜 굳이 하와이에서 그렇게 완벽한 포를 팔고 있는지는 알수 없다. 그리고 내가 왜 베트남의 여러 음식점에서 먹어 보지 못한 맛을 그곳에서 만났는지도 모른다. 밖에는 하와이의 청명한 하늘이 펼쳐져 있고, 도로를 훑듯이 햇살이 쏟아지고 있었다. 전혀 베트남답지 않은데, 맛있다. 그러니 본고장이라 그런 것도 분위기에 휩쓸린 것도 아니다. 인생이란 참 묘하다. 이런 일도 있다.

그 가게 근처를 산책하는데, 신기한 유적이 보였다.

하와이를 처음 방문한 타히티 사람들이 밥을 짓기 위해 부엌으로 사용하던 장소의 유적이라고 한다.

왠지 고개가 끄덕여졌다. 이 장소의 힘이 그들에게 그렇듯 맛있는 포를 만들게 하는지도 모르겠다.

67

요즘 들어 아주 조그만 역이나 뒷골목 언저리에서 제법 본격적인 비스트로나 이탈리안 레스토랑을 발견하는 일이 잦다. 젊은 사람이 가게를 꾸리고 있고, 손수 제작한 듯한 인테리어에, 셰프는 번듯하게 외국에서 공부했고, 그러나 억척스러운 구석이 없는 성격이라(이는 전원에게 공통되는 요소이다. 그런 가게를 하면서 손님을 상대하는 장사에 적성이 맞는 사람은 별로 없는 듯하다.), 자본의 힘과는 무연한 까닭에 아오야마나 다이칸야마, 롯폰기 같은 곳에 가게를 낼 수 없는 인상이다.

그런데도 젊은 사람이 용케 이런 수준의 맛을 낸다 싶을 만큼 완성도가 높다. 촌스럽지도 않고, 와인에 관해서도 해박해서 권하는 대로 마셔도 실패작이 거의 없다.

기대를 잔뜩 품고 가는 곳은 아니어도, 안주 삼아 맛난 것을 먹고 싶거나 와인 한잔 마시며 좀 수다나 떨까 싶을 때는 선술집에 뒤지지 않는다.

이런 문화가 자라나고 있는 것을 보면 도쿄도 꽤 풍요로워졌다는 생각이 든다. 무엇보다 마구잡이로 먹어 대던 시대가 끝나 가고 있는 것 아닐까. 로마나 파리에는 뚱보가 그리 없는데(물론 있지만 미국만큼은 아니다.), 손이 많이 간 맛난 음식을 조금 먹고도 만족할 수 있는 문화가 있기 때문이라고 생각한다.

앞으로 일본은 세계에서 사람들이 찾아오는, 음식이 맛있고 손님 접대도 훌륭하고, 싸면서도 건강식을 파는 지구 전체의 레스토랑 같은 곳이 되지 않을까? 그런 느낌이 든다.

68

가정부 M 씨가 마요네즈 만드는 법을 가르쳐 주었다.

평평한 접시에 계란 노른자위를 담고 식초를 뿌린 후 포크로 휘저으면서 기름을 조금씩 떨어뜨린다. M 씨의 어머니는 그 옛날의 하이칼라로 마요네즈를 언제나 집에서 만들었다고 한다.

"반드시 같은 방향으로 저어야 해요. 그렇지 않으면 왠지 몰라도 잘 안 되더라고. 그러니까 왼손잡이에게는 도중에 저어 달라고 할 수 없어요."

이유는 모르지만, 옛날부터 그렇게 배웠다고 한다.

그리고 만약 분리되었을 경우에는, 작은 숟갈 하나 정도의 물을 볼에 넣고서 분리된 마요네즈를 조금씩 섞으면 된다고 한다. 이때도 반대로 즉, 마요네즈에 물을 섞으면 절대 안 된다고 한다.

집에서 마요네즈를 직접 만들 때, 늘 거품기로 하다가 실패하던 나는 왠지 신기하기도 하고, 마요네즈를 쓱쓱 휘젓는 M 씨의 팔 힘에 나도 모르게 "엄마!" 하면서 껴안고 싶은 기분이 들었다.

우리 어머니는 몸이 약해서 거의 요리를 하지 않았기 때문에 그런 이미지가 없는데도 말이다. 이런 때 사람들은 보편적인 어머니를 느끼는 것인가 보다.

외국에서 오래 살다 돌아온 U 씨는 사용하는 향신료도 그렇지만 생각하는 방식도 완전히 일본 사람이 아니라서 늘 감탄스럽다.

흰살 생선에 딜과 케이퍼를 뿌리고 버터와 올리브 오일로 소테.

피자 판에 마늘과 가지와 캐비어를 올려놓고 전자레인지에 6분.

강황 수프에는 버섯과 베이컨 조금과 크림과 칼칼한 강황을 듬뿍.

양송이버섯은 간 마늘과 소금 후추로 양념하고 레몬즙을 뿌린다. 요구르트와 오이와 커민과 마늘을 섞어 빵에 발라 먹는다. 일본의 맛이 나는 것은 하나도 없다. 굉장하다.

그녀는 전기밥통으로 쿠스쿠스|북아메리카 전통 요리. 각종 재료로 끓인 스튜와 함께 먹는 파스타의 일종.|를 만들고, 부엌칼이 아닌 과도로 모든 음식을 만들고, 집에는 간장이 없는 사람이다.

그녀가 요리하던 우리 부엌에서 외국에나 가야 느낄 수 있는 그 기분이 둥실 피어오르는 것을 느낄 수 있었다.

70

하루타 씨가 늘 고기가 먹고 싶다기에, '좋아, 그럼!' 하고서 고기를 1킬로그램이나 사 왔다.

전에 '아무튼 고기'다 하고서 쇠고기 400그램을 볶고 그 옆에 '마이센'|일본의 돈가스 전문점.|에서 사 온 커틀릿 샌드위치를 곁들였더니, 하루타 씨가 "커틀릿 샌드위치는 집에서도 사다

먹을 수 있지만, 고기 볶음은 여기서나 먹을 수 있다."라고 애처로운 표정으로 말했다. 그래서 고기 볶음의 양을 늘리려고 한 것이다.

하루타 씨는 밥을 거의 해 먹지 않는다.

옛날에 남자 친구가 밥을 하라고 하자 "왜 내가 밥을 지어야 하는데?" 하며 울었다는 용감한 사람이다.

그리고 어렸을 때부터 고기를 좋아해서 날고기가 먹고 싶다는 말까지 했단다.

그녀의 몸에는 고기가 가장 잘 맞는 것이리라.

그래서 '피콕' |일본의 슈퍼마켓 체인.| 에서 기름기가 없으면서 씹는 맛이 나는 특등품을 1킬로그램 사 왔다. 들고 오는 동안에도 그 1킬로그램의 묵직함이 느껴졌다.

절반은 마늘과 간장으로 양념해서 볶고, 나머지는 장국을 사용해서 스키야키식으로 국물이 자작하게 만들었다.

하루타 씨는 먹고 또 먹고, 집에도 싸 들고 가더니 한밤에 "지금 다 먹었어요." 하며 문자를 보냈다. 나까지 묘한 성취감이 있었다.

우리 꼬맹이는 아직 양이 적어서 만든 보람이 없다. 하지만 얼마 후에는 끔찍하리만큼 고기를 먹어 대기도 할까. 그럼 이런 성취감도 느껴질까. 그런 상상을 하니, 그날이 보이는 듯 생생하고 가슴이 설렌다.

바 나 나 키 친

71

시아버지가 묵직해 보이는 짐을 들고 후덥지근한 목장 한가운데로 걸어왔다.

안에 멜론과 복숭아가 들어 있다고 한다.

"왜 그런 걸 가져왔어요."

남편은 어린애처럼 골을 냈다. 그렇게 말하는 심리는 나도 잘 안다. 부모가 엉뚱한 일을 하면 괜히 그런 말이 나온다.

그 자리에서 먹을 기회를 놓쳤다. 시아버지는 들고 가서 신칸센 열차에서 먹으라고 했다. 남편은 들고 가기 무겁다며 싫다고 했다.

나는 "이 무거운 걸 아버님이 힘들게 들고 오셨는데, 가져가자."라고 말했다. 이런 때 중재할 수 있는 사람은 남밖에 없다.

신칸센을 탄 후에는 선반에 올려놓았다. 밑에서 올려다보니 복숭아가 짓물러 있었다.

아래쪽은 거무죽죽하고 위쪽만 멀쩡했다. 냉장고에서 허둥지둥 꺼낸 탓에 시아버지가 미처 알아차리지 못한 것이리

라. 홀아비 생활의 암울함과 그 깊이가 전해졌다.

하지만 그것은 시아버지의 소중한 생활, 아무도 빼앗을 수 없다. 도쿄로 올라와 아파트를 빌려 살면서까지 아들 가까이에 있고 싶어 하지는 않는다. 어쩔 도리가 없다. 나도 아무 대책이 없다. 모두가 행복한 것은 아니지만 불행한 것도 아니다. 하지만 사랑만은 듬뿍 있다. 결국 복숭아는 먹지 못하고 복숭아 모양 행복만 받았다.

도쿄 역 쓰레기통에 복숭아를 버릴 때, 그만 과도도 같이 버리고 말았다.

도쿄 역 쓰레기통에서 썩어 갔을 복숭아와 그 옆에 놓인 과도를 생각하면 평생 가슴 아프리라고 생각했다.

인생에 좋은 일만 있다면 얼마나 좋을까.

모두가 나쁜 점은 고치고, 서로를 감싸고, 지켜 주고, 웃는 얼굴로 대하고, 죽는 날까지 외롭지 않게 살 수 있다면 얼마나 좋을까. 그런 생각을 하는 사람들이 종교에 몸담는 거겠지, 생각한다.

하지만 인간은 원래 그런 존재가 아니고, 좋은 일을 하려면 엄청난 에너지가 소모되니까 나는 아마 노후에도 이렇게 생각하며 살 것 같다.

그런 건 상관없으니까 그냥 내버려 둬.

나쁘면 나쁜 대로 살게 해 줘.

가슴이 아프든 스쳐 지난 채로 끝나든, 사랑한다고 생각하게 해 줘.

72

예전에도 비슷한 내용의 글을 몇 번 썼는데, 가게란 균형감이 가장 중요하다고 생각한다.

가장 알기 쉬운 예를 들면, 노래방은 친한 사람들끼리 함께 부르고 싶은 노래를 부를 수 있고 모르는 사람의 노래를 듣지 않아도 되니 좋지만, 아르바이트생이 전자레인지에 뚝딱 데운 안주에 제대로 씻었는지 모를 컵으로 맥주를 마셔야 하는 좀 허망한 곳이기도 하다.

한편 단란주점은 낯선 사람들의 정체 모를 노래를 들으면서 어울려 박수를 쳐야 하니 끔찍한 곳이지만, 대개는 종업원들이 대화에 응해 주고 박수도 쳐 주고 맛있는 안주도 나온다.

어느 쪽을 선택할지는 오로지 손님의 몫이다.

포장마차에서 뜨끈한 것을 먹을 수 없다면 화가 나고, 또 시간이 오래 걸리면 속이 부글거릴 것이다.

프랑스 음식점에서도 그렇다. 맹한 종업원 때문에 음식이 제때 나오지 않거나 와인 잔이 비었는데도 알아차리지 못한다면 음식이 아무리 맛있어도 소용이 없다.

하지만 아저씨 혼자서 음식을 만들고 서빙까지 하는 가게라면 손님도 느긋하게 기다릴 각오를 하고 그곳을 찾을 것이다.

부부가 꾸려 가는 조그만 가게 화장실에 요상한 장식물이 놓여 있다면 별 신경이 쓰이지 않지만, 음식 값이 만 엔도 넘는 이탈리안 레스토랑 화장실에 인형 뽑기에서 뽑아 온 동물 인형이 놓여 있다면 실망이 클 것이다.

균형 감각이 나쁘면 나쁠수록 그 점을 고치기 위해서는 지혜가 필요하다.

때로 손님은 그 가게만의 특색을 보기 위해 찾기도 하니까 어떤 의미에서 가게는 운영하는 사람의 무대 같은 곳인지도 모르겠다.

그렇다고 스타 요리사가 있는 레스토랑이 반드시 편한 것은 아니다. 주방에서 음식을 들고 나올 때마다 봐 줘야 할 것 같아 좌불안석, 차분하게 음식을 먹을 수 없다.

요리사가 무뚝뚝하고 아줌마가 손수 만든 화려한 장식물

이 놓여 있어도, 음식이 맛있고 전체적으로 조화로운 가게는 장사가 잘 된다.

또 청결한 가게는 감각이 좀 없어도 별 거부감이 없다.

완벽하게 도회적으로 꾸민 이탈리안 레스토랑이라도 종업원들이 굼뜨거나 창틀과 에어컨에 먼지가 쌓여 있으면 눈살이 찌푸려진다.

한 가지가 좋으면 나머지도 다 좋은 경우가 있는가 하면, 유독 눈에 띄는 이상한 점 한 가지를 나머지 것들이 보완하는 경우도 있다.

그 다양함이 진짜로 심오하고 재미나서, 새 가게가 생기면 늘 그 문을 두드리지 않을 수 없다.

73

M 씨가 무슨 가루를 두고 갔다.

코카인이나 헤로인 따위는 아니고, 아무튼 하얀 가루였다.

그다음에 왔을 때 물어봤더니, "폰데케조를 만들까 싶어서."란다.

"간단히 만들 수 있어요?"

"그럼요, 초 간단!"

그리고 그 자리에서 만드는 법을 배우기로 했다.

치즈를 갈아서 계란과 섞고, 기름과 물을 끓이고, 카사바 |열대 지방의 작물로 타피오카의 재료가 된다.| 가루에 소금을 뿌리고 재료를 전부 섞어 반죽을 한 후에 조그맣게 나눠서 구우면 끝!

폭신폭신하고 쫄깃쫄깃한 치즈 빵이 완성되었다.

그 자리에서 바로 먹으니 맛있는데, 그다음 날이 되자 벌써 딱딱해졌다. 흐음, 하기야.

"열심히 만들어서, 그 자리에서 바로바로 아이들에게 먹였어요."

M 씨의 말이다.

브라질의 뜨거운 오후, M 씨가 땀 흘리며 아직 어린 다섯 아이에게 치즈 빵을 만들어 주는 장면이 떠올라 가슴이 짠해졌다. 지금은 모두 자립한 탓에 M 씨는 혼자 살고 있다. 하나하나 찾아다니며 즐겁게 살아가고 있지만, 이미 어리지 않다.

M 씨와 함께 반죽을 빚으면서, 시간의 흐름을 거스르기도 하고 꼬맹이의 미래를 보기도 하는, 두 가지를 한꺼번에 한 기분이다.

74

늘 가는 이즈의 '기요노'라는 가게는 촌스럽기 짝이 없다. 고급스러운 일본 술도 없다. 구운 닭 껍질도 딱히 바삭거리지 않는다.

그런데도 정말 행복한 선술집이다.

야키소바도 좋은 고기를 사용해서 만들지 않는다. 면도 어느 모로 보나 특별한 제품이 아니다. 소스도 보나마나 인스턴트 소스일 것이다. 그런데도 왜 그런지 가는 밤마다 주문하게 된다.

몇 년을 드나들다 보니, 점차 주방장의 맛을 알게 되었다. 살짝 새콤하고, 하지만 밥반찬은 아니고, 너무 맛있지도 않고, 너무 고급스럽지도 않지만 날마다 먹어도 싫증 나지 않는 것. 일본의 맛. 평범한 식탁의 맛이다.

우리가 자란 쇼와 시대 |1926년부터 1989년까지의 일본 연회.|의 반찬 맛. 참 소중한 맛.

이런 것이 가장 질리지 않고, 그 '미진함'이야말로 매일 드나들게 하는 맛의 비결이라는 것은 음식 잡지에도 실리지 않은 사실이리라.

75

　　무라카미 류 |村上龍. 일본의 소설가.| 씨가 텔레비전에 나와 유명한 셰프 앞에서 요리를 만들었다.

　　카레에 넣기 위해 베이컨 덩이를 네모지게 토막 썰기 하고 있을 때 "사람 발가락 크기 정도로."라는 비유를 하면서 썰었다. 얘기에 집중하느라 닭고기 뒤집는 것을 잊자, 옆에 있던 친구인 셰프가 슬며시 뒤집어 주었다.

　　작가네, 작가, 하고 생각했다.

　　그래도 베이컨을 구울 때, 류 씨는 네모진 베이컨의 모든 면을 고루 구운 후에 카레에 넣었다. 아, 저런 면도 류씨답군, 싶었다.

　　그리고 망고와 베이컨 카레가 완성되었는데, 나는 나 같으면 망고에는 닭고기나 돼지고기를 쓸 텐데, 하고 생각했다. 베이컨 카레에 망고가 들어 있어 봐야 별 의미가 없잖아? 옆에서 말하고 싶었다. 하지만, 그런 류 씨의 모든 것이 점점 더 좋아졌다.

76

사람을 집에 불러 식사하는 일에 서툴렀다.

지금도 그리 능숙한 편은 아니다.

하지만 요즘은 대접을 하는 것이 아니라 그저 함께 식사하는 사람이 몇 있다. 모두들 사이가 좋다는 것을 피부로 느낄 수 있는 사람들이다.

그런 친구들 중에 하나인 하루타 씨는 앞에서 말한 것처럼 고기를 좋아하는 반면 와인은 입도 대지 않는 사람이라서, 이번에도 고기가 주역! 야마모토 레이코 씨의 책에 실려 있는 가장 유명한, 돼지고기를 달짝지근하게 조린 요리를 넉넉하게 만들었다.

그리고 양고기에 옷을 입혀서 구운 것.

슈퍼마켓에서 정어리 통조림을 사 와, 오일과 간장과 레몬즙을 뿌려 그것도 접시에 담았다. 마늘 오일 통조림도 있기에 양고기에 곁들였다. 그리고 생다시마를 참기름과 간장에 무쳤다. 토마토는 오일과 소금을 뿌리고 치즈를 섞었다.

그 정도만 했는데도 멋진 식탁이 차려졌고 배도 한껏 불렀다. 이러면 되는 거야, 생각했다. 요리를 배우러 다니지 않아도, 재료만 신선하면 충분하다. 게다가 요즘은 슈퍼에 가면 어떤 나라의 아무리 희귀한 재료라도 대개 살 수 있다.

이렇게 행복한 시대에 사람을 부르지 않는다면 아까운 일일지도 모르겠다.

77

하와이에서 팬케이크를 주문했더니 접시에 철철 넘치게 나왔다.

서너 장이 두툼하게 쌓여 있고, 사이사이에는 살구 잼 같은 것이 듬뿍 들어 있었다.

이런 걸 먹으니 그런 체형이 되지, 하고 통감했다. 매일 덩치 크고 뚱뚱한 사람을 너무 많이 봐서 거울 속 자신의 모습이 야위어 보일 정도(착각이지만)다. 미국의 뚱뚱한 사람은 팔다리는 다들 가는데 배만 절구통 같다.

그런 느낌에 지쳐 베트남 요리를 먹으러 포가 맛있는 '할레 베트남'에 또 갔다. 아시아 요리의 조촐한 1인분에 행복을 느꼈다.

얌꿍 비슷한 수프가 보글보글 끓고 있는 조그만 냄비에 고기와 새우를 넣고, 뜨거운 물에 살짝 담갔다 꺼낸 라이스페이퍼에 고기와 새우를 얹고 채소를 듬뿍 얹은 뒤 돌돌 말아 소스에 찍어 먹는다. 그러면 자연스럽게 채소를 많이 먹게 되고, 맛있다는 생각도 절로 든다.

향채나 허브가 단조로운 맛에 톡 쏘는 맛을 가미하고, 포만감을 부른다.

그런 느낌이 또 놀라웠다.

아시아의 아름다움은 이렇게 형성되고 우리들 역시 거기에 속해 있으니, 무절제한 식생활로 하와이 사람들의 전철을 밟아서는 안 되겠다고 생각했다.

78

 아오모리에 가서, 갓 잡아 올린 생선과 갓 수확한 사과를 먹었다.
 도쿄에서 왔다고 했더니, 가게 사람과 단골손님들이 먹으라면서 끝없이 갖다 주었다.
 모두가 이런 비밀의 맛을 알고 있으니, 바쁘고 괴로운 일이 있어도 만사가 편리한 도쿄가 아니어도 견디며 살 수 있는 거로구나, 하고 한숨이 나올 정도로 맛있었다. 모든 재료가 신선하고 물기가 있고 세포가 탱글탱글하게 살아 있고 보들보들하다.
 "이 사과, 내일이면 벌써 맛이 덜해, 두 시간만 지나도 이렇게 맛있지 않지."
 가게 사람과 단골손님들이 입을 모아 그렇게 말했다.
 비밀의 먹거리를 갖다 주면서 아오모리의 아저씨와 아줌마의 얼굴은 살짝 섹시해진다. 그 표정이 무척이나 현실감 있고 좋았다.

79

나는 당 수치가 조금 높은 편이라서 당 수치를 자주 잰다. 아버지는 보란 듯한 당뇨병. 언니 또한 나처럼 그 체질을 물려받았음이 분명하다.

그날은 가족 모두가 당 수치를 재었다.

언니 "우와, 과연 아빠는 다르네."

나 "아빠는 항상 우리보다 높다니까. 역시 부모는 넘어설 수가 없어."

아빠 "하하하."

이 정도로 즐겁게 임하지 않으면 생활 습관병에 대적할 수 없다.

80

 "햄 소시지 맛있겠다. 햄 소시지 먹고 싶다."라는 노래가 흐르는 광고가 있다. 그 노래를 들은 아들이 "햄 소시지 먹고 싶어." 라고 하기에 생햄과 삶은 소시지를 접시에 담아 주었더니 "고기는 싫어, 햄 소시지가 먹고 싶단 말이야."란다. 그래서 "이게 햄이고, 이게 소시지야. 이거랑 이거랑 해서 햄 소시지. 서로 다른 거야." 하고 설명해 주었지만, 잘 모르겠다는 투였다.

 그의 이미지 속에서 햄 소시지가 얼마나 멋진 음식일까 상상하다가 가슴이 설레고 말았다. 일단은 크고 분홍색이고 달콤하겠지.

81

고토 구에서 지인이 운영하는 그릇 카페에 갔다. 그녀가 직접 만든 그릇을 사용하는 터라 우리 집 식탁과 분위기가 똑같았다. 우리 집도 그녀가 구운 접시와 찻잔을 많이 사용하기 때문이다.

타코 라이스와 고야 버거, 콩 샐러드. 오직 먹는 사람이 건강하기를, 맛있게 먹고 기뻐해 주기를 바라는 마음으로 만들었고, 재료도 아낌없이 사용해 양상추는 넘칠 듯하고 고야는 두툼하게 썰려 있다.

평소 시들시들한 양상추와 조금이라도 단가를 낮추려고 쪼잔하게 담은 음식만 보아 왔던 우리들인지라, 이렇게 수지에 연연하지 않고 만든 맛난 먹거리를 보면 만든 사람이 천국에다 한껏 저금을 하고 있는 듯한 기분이 든다.

가게를 통째로 빌려서 저녁을 먹었는데 계산을 치르려니 "3000엔 정도면 돼요." 란다. 정도라니, 무슨 소리야, 하고 웃으면서 모두가 조금 행복해졌다. 가게를 꾸려 나가는 그녀의 방식이 고마워 안도했기 때문이다.

그녀가 언젠가 어떤 일로 곤경에 처한다면, 모두가 조금씩 그녀를 도우리라.

그것이 천국의 저금이다.

현금보다 훨씬 멋지다.

82

입이 짧았던 꼬맹이가 네 살이 가까워지자 왕성하게 먹기 시작했다.

혼자서도 만두 3인분은 먹는다.

가게에서 신나게 먹은 후에 "여기요, 만두 하나 더 주세요." 하고 제멋대로 주문한다. 그리고 주머니에서 세뱃돈을 꺼내 "이걸로 낼 거야."라고 한다. 남편과 나는 "그렇게까지 어른인 척 안 해도 되는데!" 하며 웃는다.

같이 다니면서 만두만 너무 먹어 대는 터라, 우리 집 주식이 만두처럼 되어 버리고 말았다. 하지만 아무리 만두소의 내용물이 바뀌어도, 삶든 찌든 굽든 만두는 만두다. 어른은 점차 싫증을 낸다.

그래서 다른 맛은 없을까, 하고 중국 책을 살펴보았는데, 각 가정이 전혀 다른 레시피로 물만두를 대대적으로 만든다는 것을 알았다. 나도 만들어 보자 싶어 분량을 보았더니, 2킬로그램, 450개 분이라 적혀 있다.

아, 그렇구나, 그런 거구나. 뒤통수가 띵했다.

그리고 비로소 평범한 시안 사람들의 생활을 피부로 느꼈다.

우리 가족 셋이서는 밀가루 500그램이면 배불리 먹는다. 물만두라는 거, 전혀 다른 것이었는지도 모르겠다. 밀가루를 뒤집어쓰면서 한꺼번에 대량으로 만들어 한껏 먹는 거였구나. 그러는 게 보통이었어. 소풍 때 일본 사람들이 싸는 주먹밥 같은 거였어.

양을 보고 나니 그런 이미지가 점점 퍼져 나갔다.

83

 오래 일본에 머물었던 태국 친구가 귀국에 앞서 송별회를 하느라 모임이 많았는지 약간 살이 쪘다.
 턱과 배가 투실투실해지고 피부색도 왠지 탁해 보였다. 그리고 자세 역시 약간 뒤로 넘어간 게 일본 아저씨들 폼이었다.
 저런 저런, 하는 사이에 그는 태국으로 돌아갔고 몇 개월 후에 다시 일본에 놀러 왔는데 놀랍게도 살이 쏙 빠져 있었다.
 살이 빠졌는데도 피부에는 탄력이 있고, 배가 홀쭉해져서 움직임이 한결 날래 보였다.
 "엄청 많이 빠졌네." 했더니 "태국은 채소를 많이 먹으니까." 하며 웃었다.
 그렇구나, 매일 먹는 밥 때문에도 몸의 균형이 흐트러지고 움직이기 쉽지 않은 체형이 되는구나. 그게 일본의 평균적인 식생활의 현실이구나, 하고 약간 실망했다.
 그리고 불과 몇 달 만에 건강을 되찾게 하는 태국의 식생활이 조금은 부러워졌다.

84

나카노에 아주 유명한 칭기즈칸 |일본 홋카이도의 양고기 요리.| 집이 있다.

다 낡은 단독 건물인데 계단까지 양 기름으로 번들번들 미끄럽다.

숯불에 고기를 구워 그저 열심히 먹는 가게다.

옛날부터 그 자리에 있었고, 나는 지난 이십 년 동안 이런저런 사람들과 다해서 다섯 번 정도 갔다. 정말 이렇다 할 게 없는 그냥 칭기즈칸 요리, 물론 좋은 고기를 쓰기는 하지만 그렇다고 엄청나게 고급도 아니다.

어쩌다 나카노에서 8시쯤 일이 끝났기에 "거기나 가 볼까." 하고서 친구와 남편과 꼬맹이와 다 함께 어슬렁어슬렁 그 가게로 향했다.

예나 지금이나 여전한 아저씨와 아줌마가 있고, 대단히 친절한 것도 깔끔한 것도 정리 정돈이 잘 되어 있는 것도 아니다. 그런데도 올 때마다 점점 더 맛있다 느낀다. 고기도 소스도 약간 시든 숙주나 고야 같은 채소도 너무 맛있어 어쩔 줄을 모른다.

가끔 이런 일이 있는데, 뭣 때문일까.

맛의 저력이 배어 나오는 것인지, 나와 가게 사이에 쌓인 세월의 추억이 맛에 겹쳐지는 것인지.

모르겠지만, 이 또한 인생의 비밀의 하나이며 소중한 것이리라고 생각한다.

85

매일 아이에게 도시락을 싸 줄 마음은 아예 없었다.

유치원에는 보내지 않을 예정이었고, 초등학교는 대개 급식을 하니까 편하겠다고 유유자적하고 있었다. 그런데 느닷없이 아들이 초등학교에 올라가서도 도시락을 싸 가야 하는 유치원에 들어가게 되었다. 가고 싶다는데 "도시락 싸 줄 수 없으니까 가지 마."라고는 할 수 없지 않은가.

어쩔 수 없이 적당히 밥을 담고 김을 얹고 고기 볶음과 채소를 담아 꼴이 엉망인 도시락을 만드는데, 편하기는 엄청 편하다. 양이 적어서인지 적당히 싸기 때문인지 모르겠지만 아무튼 삼십 초면 뚝딱이다.

우리 어머니는 성격이 몹시 꼼꼼한 완벽주의자여서, 무슨 촬영이라도 하는 거야, 싶을 정도로 아름다운 도시락을 매일 싸 주었다. 한가운데를 열십자로 가른 자리에 완두콩을 조르륵 박고, 그 밑으로 예쁜 치킨 라이스가 언뜻언뜻 보이는 오므라이스, 랩으로 돌돌 만 알록달록한 샌드위치 등, 지금도 잊을 수 없다.

하지만 그걸 만들 때의 어머니는 너무 집중한 나머지 무서울 정도로 심각했고, 말 한마디 걸었다가는 혼나지 않을까 싶을 정도로 언짢은 표정이었다. 그리고 지금처럼 편리한 제품이 많지 않은 때라 반찬을 나누기 위한 칸도 골판지를 잘라 알루미늄 호일로 감아 사용했기 때문에 길이를 재는 등 몹시 힘들어 보였다.

그나마 나는 어머니가 만들어 주었기에 행운이었다.

언니의 고등학교 시절은 어머니가 줄곧 병을 앓았기 때문에 아버지가 도시락을 담당한 불운한 시기였다. 아버지의 독창적인 도시락은 다른 의미에서 주위의 눈길을 샀던 모양이다.

"도시락 뚜껑을 열면 온통 달게 조린 완두콩, 그 밑에 밥조차 없었다니까."

"크로켓과 춘권과 튀김, 채소는 없고."

"도시락보를 푸니까 컵라면이 데구르르 나오더라."

"3분의 1이 딸기, 나머지는 밥. 반찬은 하나도 없고."

그런 일이 흔했다는데, 언젠가 언니와 네팔에 갔을 때, 기내식이 '크로켓과 춘권과 튀김과 군만두 도시락'이었던 적이 있었다. 그것을 본 순간 우리 둘은 마주 보며 "아빠가 만들어 준 도시락 같네."하며 웃었다.

그런 일들마저 모두 그리운 추억이 되었지만, 부모가 자식을 키우면서 얼마나 시간과 신경을 쓰는지 자신이 그 입장이 되어 보지 않고서는 절대 모르는 법이다. 자식 키우기에 그리도 재주가 없는 우리 부모님이 나와 언니를 키운 험난했던 여정을 생각하면, 그런 두 사람 품 안에서 어떻게든 자라난 나 자신을 소중히 여겨야겠다는 생각이 든다.

86

다구치 란디 |田口ランディ, 일본의 소설가.| 씨의 블로그에 들어갔더니, 아이누 사람들이 집에 묵다 갔는데 얼마나 자유롭게 행동하던지 정말 힘들었다, 근대적인 자아가 붕괴되었다는 내용의 글이 있었다.

아아, 그 심정 잘 알지, 하고 생각했다.

지금은 세타가야에 살고 있지만 나는 원래 도쿄의 촌동네 출신이다.

촌동네 사람들은(어쩌면 시골 사람들도?) 동네 슈퍼마켓에서 파는 쌀 과자나 쿠키를(절대 고급스러운 전통 과자나 양과자가 아니다.) 커다란 접시에 수북하게 담아 앉은뱅이 상 위에 늘 놓아두고 산다. 그러고는 잠시 들른 동네 사람들에게 차와 함께 대접하면서 두런두런 얘기를 나누고, 또 집안일을 하며 하루를 보낸다.

가족끼리만 보내는 시간이 거의 없던 나는 어떻게든 조용히 살고 싶었다. 어머니도 그러기를 원해서 이사를 하고 나자 좀 조용해졌다.

그런데 왠지 모르게 약간 허전했다. 창문을 열면 이웃집 사람과 얘기할 수 있고, 남의 집 빨래를 멋대로 걷어 개어 놓고, 군것질거리가 없으면 남의 집 냉장고라도 마음대로 열 수 있던 그 허물없는 나날들이 조금은 그리웠다.

촌동네 사람들과 아이누 사람들을 비교해서는 안 되겠지만, 생활 습관이 전혀 다른 사람이 집에 묵는다는 것이 어떤 일인지는 상상할 수 있다. 작가란 아무리 호방하게 굴어도 무슨 일이든 관찰하고 마는 예민한 사람들이다. 그러니 받아들이기 힘든 일도 많았으리라. 상상만 해도 오금이 저린다.

사람을 좋아하고 사람과 교류가 많으면 그만큼 시끌시끌해지고, 반대로 지나친 정적 속에 살다 보면 정신의 균형이 일그러진다. 현대를 살아간다는 것은 참 어렵다. 정말 어려운 것 같다.

옛날 같으면 거의 온종일 집 안에서 지내는 마음 좋은 독신 아줌마가 동네에 몇 명 있어서, 잠시 아이를 맡기거나 시장 보러 나간 동안 집을 봐 달라고 부탁할 수 있었다.

과자나 차를 대접하는 것은 그런 아줌마들이 너무 자주 들락거리지 않게 하기 위한 방패막이었다고 생각한다. '밥까지는 대접할 수 없어요.'라는 뜻에서. 차를 마신 후에는 '그럼 이만.'이라는 눈에 보이지 않는 약속이 있었던 것이다.

그런 사람들은 스스로 많은 일을 거드는 것으로 사람들과 교류하면서 적절한 선에서 고독을 해소할 수 있었다. 동네 사람들에게도 그녀들은 성가신 존재가 아니어서, 어쩌다 병을 앓아 입원이라도 하면 십시일반으로 돈을 모아 도와주기도 했다.

눈에 보이지 않는 약속이 고독한 그녀들의 존엄성과 각 가정의 프라이버시까지 절묘하게 지켜 주었던 것이다.

란디 씨는 아이누 사람들이 그런 약속마저 없는 개방적인 사회의 시스템을 란디 씨 집, 즉 현대의 지역 사회에서 몸소 보여 주었기 때문에 힘들었을 뿐, 만약 그녀가 아이누 마을에서 몇 주일 지내게 된다면 충분히 그 시스템에 적응할 수 있을 만큼 강한 사람이라고 생각한다.

우리는 저마다 독립적인 생활을 하고 있는 듯 보여도 실은 사회 분위기에 어느 정도 묶여 있다.

슈퍼에서 쌓아 놓고 파는 300엔 정도의 값싼 과자들을 옛날에는 어린애들에게나 주는 것이라고 생각했다. 접시에 듬뿍 담아 앉은뱅이 상 위에 올려놓으면 오가는 사람들이 늘 마음껏 집어 먹는 것이라고.

물론 지금도 그런 과자들은 그렇게 쓰일 것이다.

하지만 종류는 많아도 신이 나서 사 가는 사람은 많지 않아, 과자들이 '옛날 같지 않아서 외로워요.' 하고 슬퍼하는 듯하다. '사람과 사람의 교류에는 쓰이지 않아요.'라고 말하는 것 같다.

내 기억 속에서는 그 과자들이 늘 시끌시끌한 세계에서 수다의 곁다리로 빛나던 시절과 이어져 있기 때문이리라.

87

아이에게 도시락을 싸 주면서부터 도시락에 신경이 쓰여 책을 몇 권 훑어보았다.

그런데 예술적으로 담아 놓은 몇몇 특수한 도시락 말고는 한번 먹어 보고 싶은데, 할 만한 도시락은 실려 있지 않았다. 내가 머리를 짜서 싸는 수밖에 없다고 생각하던 참에 겐타로 |ケンタロウ. 요리 연구가 고바야시 가쓰요의 아들로, 일러스트레이터이자 요리 연구가.| 씨의 책을 만났다.

가쓰요 씨나 겐타로 씨에 대해서는 별로 아는 게 없었다. 겐타로 씨를 '남자다운 요리를 하는 사람' 정도로밖에 생각지 않았다. 하지만 그가 만드는 도시락은 엄마가 내게 싸 줬던 그 무지막지한 도시락과 비슷했다.

고등학교 시절 나는 밥을 가득 담은 거대한 알루미늄 도시락, 고기를 넣은 거대한 타파 통, 그리고 과일이나 채소를 담은 도시락, 이렇게 삼단 도시락을 들고 학교에 가서 날름 먹어 치우는 것으로 잘 알려져 있었다. '요시모토의 삼단 도시락'은 유명했다. 아이들이 모여들어 밥 먹는 내 모습을 구경한 적도 있다. 자랑할 건 못 되지만.

그리움에 젖어 행복하게 페이지를 넘기다가 "알록달록한 꽃이가 넘칠 정도로 잔뜩 꽂혀 있거나 양상추가 너무 수북해서 어떻게 뚜껑을 닫나 싶은 도시락이 아닌 도시락을 소개하고 싶었다."라는 겐타로 씨의 말을 발견하고는 얹힌 게 쑥 내려가는 기분이었다.

색상이 아주 곱지는 않아도 소박하고 맛있어 보이는 도시락의 세계에서 먹거리와 어머니에 대한 그의 애정이 오롯이 드러났다.

보온과 보냉 도시락이 발달했지만, 보냉 도시락은 너무 차가워지고 보온 도시락은 플라스틱 냄새가 밥에 배어서 밥맛이 약간 떨어지는 느낌(밥이 쪼그라든 듯한)이 들고 냄새도 난다. 마치 역이나 관광지에서 판매되는, 끈을 잡아당기면 점차 따끈해지는 도시락 같다. 결국 갓 지은 밥을 도시락에 담고 식을 때까지 잠시 기다렸다가, 몇 시간 지나 차갑게 먹는 것이 가장 맛있다는 기본으로 돌아간다.

도시락에는 도시락만의 장점이 있고, 그에 속하는 메뉴라면 매일 먹어도 질리지 않는다는 뜻이리라. 그리고 날마다 그리 요란한 변화를 줄 필요도 없을지 모르겠다.

도시락 싸는 솜씨가 날로 늘어 이제는 계란말이와 주먹밥과 과일을 적당히 담아도 초창기 도시락보다는 당당하고 꽤 봐줄 만하다. 이게 다 겐타로 씨가 용기를 북돋아 준 덕분이다.

88

지호는 하와이 섬에 살고 있는데, 내가 취재차 하와이에 갔을 때 이곳저곳으로 안내해 주었다.

하와이 섬에도 값비싸고 그런대로 먹을 만한 레스토랑은 얼마든지 있겠지만, 그녀가 가르쳐 준 가게는 모두 값이 싸면서도 맛있어서 매일이라도 찾아가 먹을 수 있는 곳이었다.

맛은 물론 더할 나위가 없고, 그녀가 찾아다니는 곳은 전부 갓 만든 음식을 내놓고 가짜가 없고 생활 냄새가 나는 살아 있는 먹거리뿐이었다.

그것도 중요하지만, 지금은 그 맛은 물론이요, 하와이 섬의 투명한 햇살 아래에서 "이걸 날마다 사 들고 항구에서 먹었어!"라면서 레몬그라스 두부와 스파이시 치킨이 들어 있는 베트남 샌드위치를 우물거리고 "갓 튀겨 낸 거야! 자 빨리 먹어!" 하면서 따끈따끈한 도넛을 들고 종종 뛰어오고, "이 가게 주인이 아침마다 과일을 갈고 우유 섞어 저으면서 직접 만드는 거야" 하며 오색이 영롱한 아이스크림 케이스 앞으로 데려가던 지호 씨의 웃는 얼굴 쪽이 한결 마음에 남아 있다.

소개해 주고 싶고, 좋아하는 사람에게 맛난 것을 먹이고 싶고, 나누고 싶어 하는 그 기분이야말로 이 세상에 맛난 것을 존재케 하는 힘이라고 생각한다.

89

'할머니가 할아버지에게 차려 주는 식탁'이라는 아주 유명한 블로그가 있다.

나는 잡지에서 보고서 이 사람의 요리에 한눈에 반하고 말았다. 내가 가장 그리워하는 타입의 요리다. 물론 나는 거의 아버지의 요리, 3분의 1은 어머니의 양식 요리를 먹고 자랐기 때문에 이런 유는 별로 먹어 본 적이 없다. 그런데도 이 에스닉한 요리의 절묘한 조합에서는 내가 어린 시절에 동경했던 1970년대 요리의 냄새가 난다. 일본에서도 다양한 스파이스가 들어와 그것들을 사용해 일본식으로 응용한 요리들이 잡지에 실리기 시작한 무렵이다.

"어떤 요리가 가장 좋아요?" 하고 누가 물으면 "옛날 생각 나는 이런 양식 요리가 좋네요." 하고 대답하고 싶어지는 세계가 펼쳐져 있어, 그저 황홀할 따름이다. 하지만 의외로 '아, 먹고 싶다!' 하며 군침을 흘리는 일은 없다. 맛을 확실하게 알기 때문이기도 하고, 그분들의 생활 풍경 전체를 마치 책을 읽는 것처럼 보기 때문이기도 할 것이다.

날마다 맛있는 것을 먹고 싶어 하고, 그리 큰 품을 들이지 않고 그것들을 계속해 만드는 가운데 몸이 낳은 무수한 레시피를 아낌없이 무료로 공개하고 있다. 이 부부의 안정적인 생활감, 역시 맛있는 요리가 뒷받침하고 있는 것이리라.

90

내가 이 세상에서 가장 좋아하는 야키소바는 네즈에 있는 '하나노이에'에서 할머니가 만들어 주던 화학조미료가 가득 든 고기와 계란 야키소바다.

아들이 가게를 물려받으면서 맛이 미묘하게 변했지만, 그래도 나는 매일 먹었다. 그 가게의 무서운 딸 나오미 씨(나중에 만났을 때는 친절한 어른이 되어 있었다.)가 나를 골탕 먹였을 때, 할머니가 휑하니 나타나 "화해하고 같이 먹어라" 하며 야키소바를 만들어 주었던 일도 잊지 못한다.

그다음은 앞에서도 썼지만 도이에 있는 '기요노'라는 가게에서 먹은 야키소바다. 이렇다 하게 특별한 것 없는 그냥 평범한 야키소바인데 절묘한 맛 덕에 매일 먹어도 질리지 않는다. 도이에 있는 동안에는 매일 밤 밥을 덜 먹는 한이 있어도 밤중에 나가 먹었다. 우리 가족도, 해마다 도이에 오는 동료들도 그 가게를 진심으로 사랑했다.

'기요노'의 주인 아줌마에게서 전화가 걸려 와 "결국은 가게를 접었어요."라는 말을 들었을 때는 주위에 있던 모두가 실망했다. 그 정도로 그 야키소바를 둘러싼 휴식 시간의 의미가 컸다. 물론 야키소바 자체의 맛도 소중하지만, 날마다 몰려가 먹고 마시며 대화를 즐겼던 우리 모두를 따뜻하게 맞아 주었던 아줌마와 아저씨의 분위기도 맛에 포함된 것이었다.

그 여름, 우리는 풀이 죽어 다른 선술집을 찾았다. 그리고 마지막 밤, 아줌마가 야키소바가 수북하게 담긴 큰 접시를 들고 우리를 찾아왔다. 약속도 하지 않았는데, 그래서 기대도 없었는데 불쑥. 우리는 그 야키소바를 먹고 맛있고 그 정이 고마워서 눈물이 날 것 같았고, 아줌마의 웃는 얼굴을 보고서도 눈물이 날 것 같았다.

그 마음 전부를, 우리는 가게가 있었던 십 년 동안, 매해 여름 열흘을 다니면서 키워 왔다. 무엇과도 바꿀 수 없는 맛을 경험했다고 생각한다.

그녀가 돌아갈 때, 걷지 못하는 우리 아버지는 거의 기다시피 복도에 나와 그녀에게 "맛있게 잘 먹었습니다. 고마웠습니다." 하고 머리 숙여 인사했다.

어머니도 휘청거리며 계단을 내려와 그녀를 배웅했다.

그런 두 사람이 내 부모여서 좋았다. 선술집 아줌마라고 허술히 여기지 않고, 야키소바를 무척이나 좋아하는 부모여서 정말 다행이었다. 어떤 문제를 안고 있어도, 다른 어떤 부모와도 바꾸고 싶지 않다.

91

아들의 입맛이 점점 변해 가고 있다. 만두 붐은 끝나고 지금은 토마토 수프에 푹 빠져 있다.

토마토 수프는 간단히 만들 수 있지만, 한 가지 곤란한 점은 완숙 토마토가 있어야 한다는 것. 아직 파랄 때는 "토마토 있잖아, 만들어 줘." 하고 먹고 싶어 해도 "아직 파래서 안 돼."라고 나는 대답한다.

완숙 토마토를 쏙쏙 썰어서 마늘을 넉넉하게 넣고 부글부글 끓인 후에 굵은 소금을 넣고 마지막으로 '다시마 소금' 뒤에 혜성처럼 나타난 '로쿠스케 소금'으로 간을 맞추고 바질을 넣으면 끝.

도시락에 담은 채소를 영 안 먹는 통에 "채소를 먹게 하고 싶은데, 수프를 가져가도 될까요?" 하고 물었더니, 꼬맹이가 다니는 관대한 유치원에서 물론 괜찮다고 허락해 주어, 매일 아침 토마토 수프나 된장국 또는 화이트 소스 스튜를 싸 주고 있다.

덕분에 매일 수프류를 만들어야 하지만, 도시락 싸기가 한결 편해졌다.

며칠 전에는 토마토 수프에 어울리겠다 싶어서, 얇게 썬 오이에 소금을 살짝 뿌려 영국식 샌드위치를 만들어 주었더니, 요놈이 오이만 고스란히 남겨 왔다.

"왜 오이만 남겨 왔어. 너 오이 좋아하잖아."라고 물었더니 "좀 위험할 것 같아서." 하는 건방진 대답이 돌아왔다. 흐음, 오이가 시원하지 않아서 싫었구나, 하고 생각했다.

그리고 토마토 수프와 비슷한 맛이려니 하고 다음 날은 토마토 수프와 함께 토마토 소스와 잔 생선으로 무친 뇨키로 도시락을 싸 주었는데, 그건 괜찮았던 모양이다. 아이들이란 좋아하는 맛이면, 몇 번을 먹어도 상관없나 보다. 그게 아이들 입맛의 특징이라고 생각한다.

92

아사쿠사에 '무쓰미'라는 유명한 솥밥집이 있다.

처음 그곳에 간 것은 이십 년도 더 전인데, 솥밥이 이렇게 맛있는 거였어, 할 정도로 충격을 받았다.

내가 그때까지 알고 있던 간장으로 간을 해서 지은 솥밥이 아니라, 재료와 국물만으로 맛을 낸 솥밥이었다. 가게가 거의 없는 주택가 속에 자리한 그 가게는 시골 식당 같은 분위기에, 2층은 단체로 배달 도시락을 먹는 곳처럼 낡고 넓기만 한 다다미방인데 그 느낌 역시 거의 변하지 않았다.

오랜만에 찾아갔더니, 종업원이 외국인으로 바뀌었을 뿐 옛날 그대로였다. 매뉴얼대로 열심히 일하는 종업원에게 가벼운 농담으로 대처하면서 자연스럽게 행동하는 단골손님이 있는 것도 흐뭇했고, 늘 무덤덤한 가게 주인의 인상(좋지도 나쁘지도 않은)도 변하지 않았다.

왠지 시간이 옛날로 돌아간 것처럼 눈앞이 어질어질해졌다.

당시 나는 이 근처에 있는 가게에서 아르바이트를 했고,

돌아가는 길에 연인과 만나 이 가게에서 밥을 먹었다. 같이 아르바이트하는 친구들과 합류해서 아사쿠사의 밤을 즐겼던 적도 몇 번이나 있었다.

변함이 없다는 것은 굳이 새로운 것을 도입하지 않아도 별 문제없이 안정되게 생활할 수 있다는 뜻이며, 내가 아사쿠사에 없는 이십여 년 동안 그들은 매일 담담하게 솥밥을 지었다는 뜻이다. 그런 힘에는 도저히 이길 수 없다고 생각했다. 나도 그렇고 버블 경제도 주식도 힐스족|록폰기 한복판에 위치한 록폰기힐스에 입주한 신흥 부유층.|도, 모든 게 다 그렇다.

93

오늘 저녁은 엉망진창이었다. 내 머릿속이 엉망진창이었기 때문이리라.

아보카도가 있어서 와카모레|아보카도에 향신료를 섞어 만든 소스.|를 만들고 싶은 생각에 죽어라 으깼다. 토마토 살사가 없어서 올리

브 오일에 잰 토마토를 사용하고, 코리앤더와 양파, 마늘, 소금을 넣고, 레몬즙을 짜 넣은 후에 또 으깼다. 그리고 사 온 타코스를 곁들여 전채로 삼았다.

메인 디시는 역시 사 온 '후레이카'의 만두. 둥그렇고 큼지막한 것이 찐빵 같다. 흑초에 찍어서 먹는데, 와카모레와 영 어울리지 않는다.

탄수화물 부문은 특매품으로 사 온 지느러미 초밥. 다시마에 싸 두었던 가자미 지느러미 밑에 소금 맛이 살짝 나는 차조기가 든 밥. 감동스러우리만큼 맛은 있는데, 이게 또 와카모레와도 만두와도 어울리지 않았다!

게다가 내가 만든 덩굴강낭콩에 도사 식초를 뿌린 것 하며 미나리와 닭고기 수프도 정체를 알 수 없는 맛이었다. 마지막 두 가지는 어떻게든 어울리게 해 보려다 실패로 끝난 감이 있다.

밥을 다 먹고서도 마치 선술집에 다녀온 후 같은 기분. 대체 뭘 먹은 거지, 하고 놀란 위가 아직도 진정하지 못하고 있다.

식사는 끝났는데, 왠지 속이 텅 비어 있는 듯 이상한 느낌.

뭐, 이런 날이 있는 것도 괜찮겠죠.

94

다 같이 식사 준비를 하면 왜 그렇게 신나는지 모르겠다.

하와이에 사는 지호의 연인 집 마당에 있는 별채에 묵었다. 넓은 부엌에는 각종 냄비와 조미료와 대형 냉장고가 있고, 지호의 연인이 구운 멋진 도기 그릇과 접시도 많았다.

여자 다섯이서 각자 한 가지씩 날마다 번갈아 가며 뭔가를 만들었다.

알뜰 시장이 날마다 어딘가에서 열리는 하와이 섬, 신선한 채소를 항상 구할 수 있다. 갓 잡은 물고기마냥 펄떡펄떡 뛸 것처럼 맛있고 신선한 채소가 아주 많았다. 그리고 금방 만든 염소 치즈에 허브를 버무린 것도 잔뜩 샀다. 빵과 허브 치즈를 안주 삼아 맥주를 마시면서 번갈아 부엌에서 요리를 만들었다.

쿠스쿠스가, 샐러드가, 목이버섯 볶음이, 오븐에 구운 채소가, 야키소바가, 포이 |타로토란으로 만든 딥의 일종.|가 완성되어 나올 때마다 모두 환성을 지르며 "맛있다."를 외쳤다. 밖에 있는 바비큐 코너에서는 지호의 연인이 새우와 고기를 열심히 굽고 있다.

식사 준비를 할 때 가장 즐거운 것은, 그날의 먹거리를 그날 사러 가는 것. 만약 사려 했던 재료가 없으면, 있는 것 중에서 가장 맛있겠다 싶은 재료를 사고 대담하게 메뉴를 바꾼다.

아무리 맛있고 맛이 깊고 편리해도, 상자에 담겨 배달되는 채소는 당일날 제 손으로 고른 재료가 아니다. 시장에 가, 손수 일군 채소를 내다 파는 사람들에게서 사는 것과는 미묘하게 다르다. 몸으로 시장을 보는 환희, 헌팅의 기쁨을 누릴 수 없다.

마치 긴 젓가락으로 건너편에 앉은 사람에게 밥을 먹여 주는 천국 같은, 서로의 행복을 나누는 마음으로 매일 식사했다.

기억에 남아 있는 하와이 섬의 아름다운 풍경만큼이나 거실 벽난로 앞에서 보이는 부엌, 요리하는 모두의 귀여운 뒷모습이 반짝이는 기억으로 남았다.

95

이제나 섬의 아담한 여관, 아침은 셀프 서비스였다.

양배추를 주재료로 한 샐러드, 돼지고기, 연어 구이, 바질 소스에 버무린 파스타가 커다랗고 네모진 접시에 각각 놓여 있었다.

밥 옆에 빨간 소스가 담긴 그릇이 놓여 있기에 기름 된장 |오키나와에서 밥과 함께 먹는 돼지고기 된장| 이지 싶어 밥 위에 덜었더니, 웬걸 미트 소스였다.

"실은 나, 종종 이렇게 먹어."

조그만 소리로 그렇게 말했더니, 옆에서 먹고 있던 손아래 친구도 웃는 얼굴로 맞장구를 쳤다.

"나도요! 미트 소스에 밥 비벼 먹는 게 제일 맛있어요!"

"난, 여기다 치즈를 얹어 먹기도 하는데."

"맞아요, 나도 그래요!"

여관 사람이 "바질 소스로 버무린 파스타 위에 미트 소스를 얹어 먹으면 의외로 맛있어요." 하며 권했지만, 우리는 밥에다만 열심히 미트 소스를 끼얹어 먹었다.

보통은 혼자 있을 때나 하지만, 어쩔 수 없이 하게 되는 일이 타인과 같다는 기쁨을 공유하면서.

타코 라이스 역시 이렇게 마음대로 만들다가 생겨난 음식이리라.

96

하와이 섬 힐로의 B&B(Bed & Breakfast)에 묵었을 때의 그 멋졌던 아침 식사가 지금도 가끔 떠오른다.

조개껍데기로 만든 냅킨 링과 하와이 식물 무늬 테이블보, 금방 만든 스무디. 갓 따 온 패션프루트와 파파야. 그리고 바나나가 듬뿍 들어 있는 팬케이크. 코아 나무로 만든 쟁반 위에는 코코넛 시럽. 큼지막한 커피 컵.

마치 하와이라는 타이틀로 잡지 촬영을 하고 있는 게 아닐까, 싶을 정도로 아름다웠다.

은퇴한 후 그곳 관리를 맡고 있는 미국인 부부는 하와이에 살게 된 후로 훌라 춤을 배우고 매일 아침 요리를 만들고, 마당에는 패션프루트와 파파야를 심기도 한단다.

아침 햇살 가득한 거실에서 노년에 접어든 부인이 일 년 전부터 시작했다는 훌라 춤을 선보여 주었다.

이 나이가 되어 춤을 배우게 될 줄은 몰랐다, 전혀 새로운 세상이 열리고, 이렇게 멋진 일이 있을 줄이야 꿈에도 몰랐다, 하며 그녀는 미소 지었다.

바 나 나 키 친

지금까지 세 번이나 결혼을 했다는 그녀. 너무 힘겨운 일들이 많아서, 한때는 잠만 자기도 했다. 그래서 당신 소설을 읽고는 깜짝 놀랐다. 나와 똑같은 경험을 한 사람이 있다니……. 그때는 잠 말고는 도망칠 곳이 없었다, 하고 그녀는 말했다.

어떤 인생을 살았는지 자세히는 알 수 없지만, 표류하다 이곳에 도착했다는 생각이 들었다. 그리고 이 하와이에서 새로운 꿈을 꾸고 있다고, 그 꿈이 전부 아침 테이블에 아로새겨져 있다고, 그렇게 느껴졌다.

97

우리 가족과 동료들 사이에서 '언니네 가게'라 불리던 가게가 언제부터인가 '언니와 오빠네 가게'가 되었다. 그래도 언제나 우리를 행복하게 해 주는 소중한 가게로 존재했다.

그런데 그 가게가 있는 낡은 건물이 철거될 처지에 놓여 일단 가게 문을 닫지 않을 수 없게 되었다. 나는 그 가게를 모델로 소설을 쓰기 위해 그 언니를 인터뷰했다. 언니가 지금까지 쌓아 온 노력과 수고와 행복을 알고서 그 가게가 더 좋아졌다. 또 개인의 힘의 크기를 보다 확실하게 인식했다. 사람 하나가 결의를 굳히고 시작한 일에는 갖가지 아름다운 꽃이 피고, 그 영향도 이루 헤아릴 수 없이 크다. 정말 많은 사람들이 그 가게에서 위로받고 또 성장했다.

이런 헤어짐에는 익숙하다. 하지만 각별한 애틋함이 있었다.

이 가게를 몰랐다면 내가 과연 시모키타자와로 이사 왔을지, 알 수 없다.

지금은 만날 수 없는 사람들과 그곳에서 차를 마셨던 것도 그리운 추억이다.

여러 겹으로 덧칠된 추억은 좀처럼 투명해지지 않는다. 끈끈하고 무거운 액체로, 인생의 앙금으로 가라앉는다. 시간이 흐르면 시큼하게 삭아, 애처롭게 발목을 잡는다. 그래도 역시 추억은 있는 편이 좋다. 애처로우면 애처로울수록 우리들 발자국에 깊이가 생긴다.

그 낡은 건물, 낡은 창문으로 길 가는 사람들을 바라보고 나무 냄새를 맡으면서 매콤하고 맛있는 카레를, 수제 파인애플 처트니 |과일과 향신료를 넣어 만든 인도 조미료.| 를 먹는 일은 두 번 다시 없을 것이다. 하지만 내 안에는 그 시간이 명료하게 새겨져

있다. 그것만으로도 나 자신마저 귀중한 존재인 듯한 느낌이 든다.

98

영화 「카모메 식당」에서 맛나게 밥을 짓는 이이지마 나미 씨의 사무실에서 몇 번 밥을 얻어 먹었다.

그녀의 『LIFE』란 책에 글을 싣게 되었는데, 《호보 일간 이토이 신문》 관계자들이 한번 놀러 오라고 했기 때문이다.

모든 음식이 신기할 정도로 맛있었다. 『LIFE』에 담겨 있는 마법 같은 레시피가 어떻게 생겨났는지, 그 부엌을 보니 알 것 같았다. 너무 크지도 작지도 않고, 너무 깔끔하지도 실용적이지도 않으며 거창하지도 않은…… 날마다 요리를 하는 사람의 자랑스러운 부엌이다.

그녀는 대담하게, 확신을 갖고 요리한다.

예를 들어 크림 스튜 속에 흐물흐물해진 배추와 함께 시금

치가 들어 있다. 시금치에서 거품 같은 맛이 나오는데 조금도 거슬리지 않는다. 누구에게나 어딘가 모르게 그리운 맛, 그러면서도 엉성하지 않은 계산된 맛이다. 맛의 속으로 들어가면 또 다른 맛을 만날 수 있다. 그 느낌이 영화에도 잘 살아 있다. 그 기적 같은 것, 요리의 분위기가 어떻게 영상에서도 느껴지는지 그 관련성은 잘 모르겠다.

'식(食)을 허술히 여기지 않는' 이이지마 씨의 진지한 자세가 그런 마법을 부리는 것은 아닐까.

이이지마 씨는 추구하는 맛에 다가가는 것에 그치지 않고, 끊임없이 그 맛을 넘어서는 맛, 보다 맛있는 재료의 조합, 한 번 더 먹고 싶어질 만큼 뒷맛을 남기는 맛을 추구한다.

꼬맹이 도시락 얘기가 나왔을 때, "냉동식품은 맛이 없지, 안 돼. 도시락도 그렇지 플라스틱에다 담아 주면 가엾잖아. 어차피 싸 주는 도시락, 예쁜 데다 싸 주면 좋잖아." 하고 단호하게 말하는 옆얼굴이 고집 센 소녀 같았다.

'그녀는 밥을 무척 좋아하지, 그래서 밥도 그녀를 무척 좋아해. 이 세상은 그런 거야.'

음식의 신이 그렇게 말하기라도 하는 것처럼 멋진 표정이었다.

99

아들이 여섯 번째 생일을 맞기 전날 간 스페인 요리 전문점에서 새우가 맛있다고 난생 처음 말했다.

그날 밤에도 신선한 새우를 살짝 익힌 후에 마늘과 소금 양념으로 휙 볶은 것이 나왔다.

이 고정 메뉴는 언제 먹어도 맛있는데, 주인에게 그 비결을 물어보아도 "새우가 신선해서 그럴 겁니다." 하고만 대답한다.

"우리 꼬맹이는 이거 안 먹겠지." 하고 남편과 얘기하면서 여덟 마리 정도 되는 새우를 각자의 접시에 덜고 있었다. 아들은 새우를 좋아하지 않는다.

그래도 정말 맛있어서, "한입 먹어 볼래?" 하며 껍데기를 벗겨 입에 넣어 주었더니 "새우는 싫다니까." 하더니, "어, 맛있는데."하고 다시 말했다. 그러고는 내 접시에 있는 새우를 손으로 집어 우적우적 먹어 댔다.

절대 예의 바른 행동은 아니었지만, 그 욕구가 반가웠다.

"맛있다, 새우가 아닌 것처럼 맛있어."

아들은 눈을 반짝이며 그렇게 말했다. 너무 열심히 먹어서 테이블보에 새우 국물이 튀었다. 생명과 생명이 마주치는 순간의 겨루기 같다는 느낌이 들었다. 그래, 여섯 살이지, 태어나서 맛있는 새우의 맛을 처음 안 순간이네, 하고 괜히 감동하고 말았다.

100

지난 몇 년 동안, 미코노스 섬에 몇 번을 다녀왔다.

그리스 요리 전반에 대해서는 잘 모르지만, 미코노스 섬 사람들은 다양한 문화가 섞인 맛있는 것을 먹고 산다는 생각이 든다. 원래의 그리스 요리와 주로 이탈리아 사람들이지만 전 세계에서 찾아오는 관광객의 취향이 섞여 있기 때문일 것이다.

값싼 화이트 와인에 가장 잘 어울리고 매일 먹을 수 있는 생선, 무엇이든 올리브 오일과 소금으로 맛을 낼 수 있는 요리.

하지만 미코노스 바다에는 물고기가 없다.

헤엄치다 보면 샛줄멸 같은 작은 물고기가 더러 보일 뿐, 하기야 그것도 튀김 요리로 나온다.

하지만 접시에 올라 있는 문어나 도미, 벤자리나 성게 등은 거의 보이지 않는다. 대체 어디 있는 거지? 하면서 바닷속을 찾아보았다. 먼 바다나 바위가 많은 곳까지 나가야 있는지도 모르겠다. 아무튼 세계 어디를 가나, 어부들이 어슬렁거리는 항구의 밥은 맛있다.

숯불에 생선을 구워 올리브 오일을 뿌려 먹는다. 새우는 바삭하게 구워 소금과 레몬즙을 뿌려 먹는다. 툭 깨서 옆으로 좍 벌린 성게는 레몬과 올리브 오일과 소금을 뿌려 먹는다. 말린 문어는 물에 불렸다가 살짝 구워서 올리브 오일과 소금. 그렇게만 해도 다 맛있다.

그리고 곁들인 마늘과 향신료 맛이 나는 염소젖 요구르트인 차지키나 가지와 마늘 페이스트를 빵에 발라도 먹고 술안주 삼기도 하고.

탄수화물을 많이 먹지 않아도 별문제가 되지 않는다. 빵조차 먹지 않는 때도 있다. 튀긴 음식이 거의 없다는 것도 좋다. 절로 오일을 많이 먹게 되기 때문에 당기지 않는다.

이런 것이야말로 지중해식 다이어트, 미코노스 섬에 가면 많이 먹는데도 단백질 중심이라서 살이 찌지 않는다. 그런

데다 걷고 수영도 하는 덕에 근육이 단단하게 붙는다.

일본에서는 밥을 생략하거나 올리브 오일의 양을 늘리고 파스타와 생선을 먹어도, 그 새파란 하늘과 바다, 운동, 숯불에다 신선한 생선을 치직 굽는 느낌, 거대한 도미와 씨름하면서 흰살을 듬뿍 발라 내는 그 느낌 없이는 기분좋게 살이 빠지지 않을지도 모르겠다고 생각했다.

101

최근에 비슷한 얘기를 두 가지 들었는데, 아주 중요한 일이기에 쓰기로 한다.

고베 지진 때 일이다.

한 가지는 이이호시 씨라는 멋진 그릇을 제작하는 도예가의 블로그에 쓰여 있는 글이었다. 지진 발생 후 완전히 복구되지 않은 거리의 가게에서 '애프터눈 티'를 다시 팔기 시작했더니, 가게 앞에 사람들의 긴 줄이 생겼다. 그 광경을 보고서 자신이 어떤 그릇을 만들고 싶어 하는지 비로소 방향성이 확실해졌다는 얘기.

다른 한 가지는 시마부투 미치히로라는 예술가의 얘기다.

그는 '아, 차 한잔 마시고 싶다, 하고 생각했을 때, 찻집 쪽에서 찾아오는' 아트에 착안, 바다 위에서 찻집을 열기도 하고, 가게를 포장마차처럼 이동하면서 차를 파는 작업을 하고 있다. 나는 정말 좋은 아이디어라고 생각했다.

고베 지진 당시, 고베가 고향인 그는 현지로 달려가 그 노하우를 살려 커피를 공짜로 끓여 주기도 하고, 역시 커피를 무상 배부하는 아줌마들을 위해 간판을 만들고 페인트도 칠했다고 한다. 지진의 잔해 더미 속에서 색깔이 생겨나자 사람들도 아름다운 색과 디자인을 원했고 자신도 기뻤다고 쓰여 있었다. 그때까지 자신을 예술가라고 자칭하지 않았던 시마부쿠 씨는 잔해 더미 속에서 전단지를 만들고 포스터와 간판을 만드는데 "자네, 일이 없는 건가? 찾아 줄까?" 하고 말을 건네는 아저씨에게 "나는 예술가입니다. 이게 나의 일이에요." 하고 선언했다고 한다.

옛날에 읽었는데, 식생태학자이며 탐험가인 니시마루 신야 씨는 오이를 굉장히 싫어하지만 그래도 정말 굶주리고 절박해지면 먹겠지 하고 생각했으나 전쟁 중에 거의 죽어 가는데도 오이는 먹을 수 없었다고 한다. 이 얘기와 그 얘기는 아주 대조적이다. 하지만 얻을 수 있는 교훈은 비슷하다.

그렇다. 아무리 경제가 어렵고 생명을 위협하는 엄청난 일이 벌어진 때라도 사람은 마음이 자유로워지는 순간을 추구한다. 그리고 아무리 힘겨운 때라도 정말 싫어하는 것을 좋아하게 되는 일은 없다, 마음은 자유다.

차를 마시면서 즐기는 잠깐의 여유는 재해나 긴급 상황이 발생했을 때 배제될 가능성이 가장 큰 것이다. 그리고 편식하지 않고 무엇이든 잘 먹는 게 좋다는 것을 알지만, 싫은 것은 역시 싫다.

인류에게는 이런 것들이 상당히 중요하다는 것을 이 세 가지 얘기를 통해 확신하게 되었다. 또한 '지진의 잔해 더미 속에 차린 찻집' 같은 소설을 쓰고 싶다고 진심으로 생각했고, 언제까지나 어린애처럼 '오이'는 싫다고 말할 수 있도록 하자고 다짐했다.

그리고 조금 더

    이 작은 에피소드 모음집은 아이가 두 살 반에서 여섯 살이 되는 동안에 쓴 글을 모은 것이다.

    모두 먹거리에 얽힌 얘기로, 평소 같으면 좀 더 멋져 보이게 썼겠지만 그때 그때, 있는 그대로 마음 가는 대로 썼다. 시간이 오래 흘렀고, 일상 속에서 문득 떠오른 생각을 썼기 때문에 통일감도 없다. 의뢰 때문에 쓴 글이 아니었는데, 아사히 신문 출판부의 야사카 미키코 씨와 얘기를 나누다 내가 이런 글을 쓰고 있다는 것을 안 그녀가 책으로 만들자고 제안해 주었다.

    "한 번은 반드시 일을 함께 하고 싶다."라고 얘기한 지 십여 년이 지나서야 겨우 실현되는 것을 보았다. 야사카 씨는 좋아하지 않는 사람과는 일을 같이 하지 않는 사람이어서, 그렇게 생각해 준 것이 내게는 영광이었다. 야사카 씨는 나의 사인회에도 사전 약속 없이 걸음해 주었고(다른 사람들과 함께 줄을 서 있기에 깜짝 놀라 긴장하고 말았다.), 지난 이십 년 동안 변함없이 나를 응원해 주었다.

    많은 일들이 겹쳐 도중에 몇 번이나 끊길 뻔했는데, 지난 몇 년 동안 나는 '야사카 씨'란 제목의 폴더에 이 글들을 모았다. 중단되거나, 사소한 문제로 쓸모없겠다 싶어질 때도 아무튼 꾸준히 써서 모았다.

그런데다 오래전부터 나를 담당해 온 사이토 준이치 군이 아사히 신문 출판부로 이사(?)해 합세하고, 이 글 중에도 등장하는 도모가 도와주기로 한 덕분에 최강 팀이 결성되었다. 좋은 책이 되리라고 확신한다.

나머지는 맛있게 먹기만 하면 되는 나!

짧은 글이고 작가의 머릿속이 단순한 터라 그리 뛰어난 문장이라고는 할 수 없지만, 우주에서 제일가는 먹보인 나의 느낌만은 리얼하게 풍기리라고 생각한다.

여관 '유메야'에 별관이 생겨서, 아들을 데리고 다시 갈 수 있게 되었다.

대개는 가족이나 친구와 함께 가서, 방 안에서 내내 뒹굴거리다 목욕이나 하고, 뛰어다니고, 니가타에서 나는 것들로만 지은 밥을 먹고.

얼마 전에는 꼬맹이가 여섯 살이 되었다고 해서 생일 케이크 비슷한 디저트를 만들어 주었다. 꼬맹이는 아직 그런 고마움을 잘 모르지만, 평소에는 바쁜 엄마와 아빠와 그 여관에서 마음껏 놀고 떠든 시간이 둘도 없는 추억이 되리라고 생각한다. 욕실에 텔레비전이 있는 것도 신기하고 좋았는지, 얼굴이 발갛게 달아오를 때까지 보곤 했다. 그런 추억을 선사해 줄 수 있었던 것은 그 여관 사람들이 아이에게 관대하고, 여관을 운영하는 사람으로서의 사고가 철저하고, 인생의 행복을 알기 때문이리라고 생각한다. 진심으로 고맙다.

그런 꼬맹이가 요즘 가장 좋아하는 요리는 한 동네에 있는 수제 피자 가게의 토마토와 콘 피자다. L 사이즈를 혼자서 날름 먹어 치운다. 하루가 멀다 하고 그 가게에 가고 싶어 하는 통에 부모는 괴롭다. 가게의 아저씨와 아줌마도 늘 반갑게 맞아 준다. 이 또한 꼬맹이에게는 평생의 추억이 되리라.

다치하라 우시오 씨는 그 후, 긴자에 다시 가게를 내었다. 맛있고 반가워, 카운터에서 눈물을 흘리며 밥을 먹었다. 새롭고 멋진 추억이다. 다치하라 씨가 요리를 계속할 수 있어 얼마나 다행인지 모른다. 무척이나 좋아하는 다치하라 마사아키 씨의 새 소설은 이제 읽을 수 없지만 우시오 씨의 요리를 먹을 때면 그가 아버지에게서 물려받은 강한 마음이 고스란히 살아 있다는 것을 느낀다.

오키나와 소바 가게는 없어졌다. 주위 사람들 모두가 아쉬워하는 것을 보면, 아, 사랑받은 좋은 가게였다, 하는 생각이 새삼 든다.

그리고 깨찰떡을 좋아했던 미유키 씨는 죽었다. 그의 시신을 발견한 사람은 우리 언니였다.

행복한 표정으로 찰떡을 먹던 그의 모습을 실시간으로 그려 두

길 참 잘했다고 생각한다.

죽은 후에야 비로소 그의 가족을 만나, 그의 인생이 고독하지만은 않았고 좋은 면도 많았다는 것을 알게 되었다. 머지않아 조카가 도쿄로 올라온다며 기대에 부풀어 있던 차에 갑작스럽게 죽은 것이 안타깝다. 하지만 자살은 아니었다. 그가 인생에 절망하지 않았다는 것이 눈물겹도록 고맙다.

그는 아이를 좋아해서 우리 꼬맹이와도 종종 놀아 주었다. 병 때문에 잘 먹을 수 없었던 그와 이유식을 뗀 지 오래지 않은 꼬맹이와 당시 우연히 소식을 하고 있었던 나, 그렇게 셋이서 전갱이 튀김한 접시를 나눠 먹으며 "맛있네." "전부 먹을 수 없으니까 주문하지 않으려고 했는데, 이렇게 나눠 먹으니까 딱 좋네." 하던 도이의 바다에도 요즘은 가지 않는다.(어쩌면 야키소바 집이 없어졌기 때문인지도?). 그날 먹었던 갓 튀겨 낸 전갱이의 맛을 평생 잊지 못하리라. 처음에는 언니 하나만 믿고 집을 떠나 온 그를 어떻게 대하면 좋을지 몰라 오래도록 말도 제대로 나누지 못했는데, 그때 미유키 씨와 나는 서로 마음을 나눴다. 꼬맹이 덕분에 방긋방긋 웃으면서 있는 그대로의 나일 수 있었다.

마음씨 고운 그가 아마도 마지막까지 신경 썼을 구피들은 언니가 데려와 지금도 수조 속에서 나날이 늘어 가고 있다. 미유키 씨의 명복을 빕니다.

그리고 《호보 일간 이토이 신문》 일로, 마술사 같은 이이지마 나미 씨의 아틀리에에 다시 갔을 때, 엄청난 식욕을 발휘, 먹보 단계가 업그레이드되었다. 이이지마 씨의 '먹보를 위한' 요리도 언젠가 자세하게 써 보고 싶다.

그리고 "네 에세이를 읽다 보면 속이 다 메슥거리더라. 어쩌면 그렇게 잘 먹니." 하고 늘 말하는 입이 짧은 우리 어머니에게 이 책을 바칩니다.

어머니, 몸이 약했는데도 기를 쓰고 절 낳아 주어 감사해요. 어머니가 생명을 나눠 준 덕분에 나는 오늘도 이렇게 맛있게 먹고 있어요!

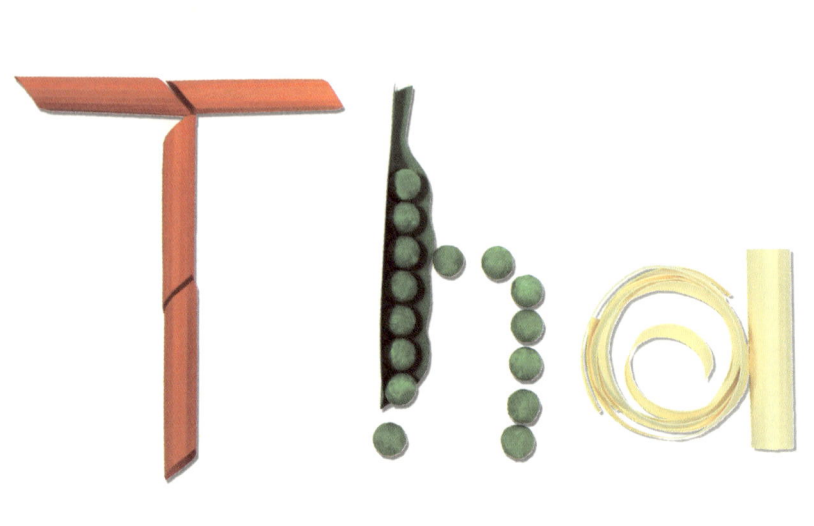

크로켓 스물다섯 개 만들기

🌀 감자(포슬포슬한 것으로) 중간 크기 **열다섯 개**

🌀 깨끗이 씻은 감자를 물기가 마르기 전에 한 개씩 랩으로 싸서 전자레인지에
(전력에 따라 시간은 달라질 수 있어요.)

일단 4~5분 가열   그런 다음 뒤집어서 2~3분

🌀 감자가 익기를 기다리는 동안   푸~ 하는 소리가 나면 OK

X 세 번

양파 한 개를 잘게 썰어   식용유, 취향에 따라 버터도 조금 넣고 볶는다.

🌀 쇠고기 다짐육과 돼지고기 다짐육
(질 좋은 것으로)   (역시 질 좋은 것으로)

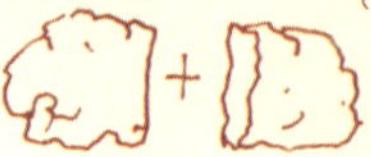

120그램 정도 준비   더해서

빈자리에 다짐육을 볶는다.
(돼지고기부터)

양파를 볶으면서 옆으로 밀어 두고

🌀 감자가 다 익으면

양파와 볶은 다짐육을 섞으면서

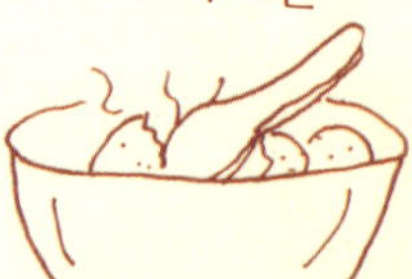

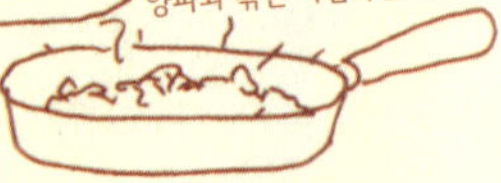

양파와 볶은 다짐육을 섞으면서
소금 후추로 살짝 간을 한다.
(가급적 좋은 걸 쓰세요)

커다란 볼에 담아 주걱으로 뚝뚝 자르면서 껍질을 벗긴(앗 뜨거!) 후에 포테이토 매셔로 으깬다.
(군데군데 남아 있는 껍질도 맛의 비결)

자잘한 덩어리가 있어도 괜찮아요.

으깨는 정도는 기분, 취향에 따라.

감자 다섯 개씩   X 세 번

볶은 양파+ 볶은 다짐육을 세 등분으로 나눠 으깬 감자에 섞는다. (한꺼번에 하면 잘 섞이지도 않고 힘이 들어요.)

🌀 거기에 생크림을 좌악!
(당연히 좋은 걸로.)

한 팩 다 넣으면 좀 많으니까 7~8할만.

'생크림은 좀 그렇잖아요!' 하며 당 수치나 체중을 걱정하시는 분들은 우유로 대체해도 괜찮아요. 전자레인지에다 감자를 익히면 수분이 줄어들기 때문에 반드시 수분이 필요해요.

마요네즈를 좋아하시는 분은 마요네즈도 괜찮은데, 물, 물은 어떨까?

만화가인 언니가 여름마다 이즈의 바다에서 만나는 요! 귀여운 도모를 위해서 쓱쓱 그려 준 레시피를 제멋대로 실었네요.

언니의 레시피

◎ 모두 잘 섞었으면 소금 후추로 간을 하고 (물론 좋은 것.)

◎ 스물다섯 개쯤 만든다 싶게 반죽을 한 줌씩 떼어 내 타원형으로 모양을 만든다.

먼저 소쿠리나 체에 밀가루(박력분)를 갈아 둔다.

박력분을 묻혀 랩을 씌운 쟁반 등에 늘어놓으세요.

◎ 계란(가능하면 좋은 것으로) 네다섯 개를 풀어서 타원형 반죽에 골고루 계란물을 입힌다.
(남겼다 싶을 만큼 넉넉한 편이 좋아요)

계란물을 입힌 반죽 위에 빵가루를 싸락눈처럼 솔솔 뿌리고

◎ 빵가루(가능하면 좋은 것으로) 두 봉지를 준비한다.
(정확하게는 한 봉지 반 정도)

30분 정도 그대로 놓아둔다.

◎ 프라이팬에 식용유(1.5리터~2리터. 질이 좋고, 건강에 해롭지 않은 것으로. 로켓을 만들면서 건강을 염려하다니!)를 넉넉하게 붓고 타원형 반죽을 튀긴다.

높지도 낮지도 않은 기름 온도를 유지할 수 있게 불의 세기와 반죽의 개수를 조절한다.

(필요하면 프라이팬 두 개를 동시에 사용할 수도 있어요.)

빵가루 부스러기를 건져 내면서 가끔 반죽을 뒤집어 준다.
색이 노릇노릇해지면 꺼내서 소쿠리(키친 타월을 깔아 두면 좋죠.)에 담아 기름을 뺀다.

키친 타월   소쿠리

맛의 비결은 '최대한 좋은 재료를 마음껏 낭비하는 것!!'이었네요.
(가정의 식탁, 환경 보호, 판매용과는 거의 무관한 레시피입니다!)

옮긴이의 말

요즘 텅 빈 식탁에 홀로 앉아 텔레비전을 마주 하고 밥 먹는 일이 잦아졌다.

아이들이 성장해서, 각자 제 갈 길로 한 걸음씩 발을 들여놓은 탓이 크다. 혼자 있을 때도 밥은 궁상스럽지 않게, 격조 있게 먹어야 한다는 철칙 역시 깨어진 지 오래여서, 밥 한 공기에 묵어 시큼한 김치와 국물 하나로 끼니를 해결하는 날도 허다하다.

그런 때는 그저 허기를 달래려는 목적뿐이어서 맛이 달고 쓰고가 없다. 그러니 음식이란 여럿이 모여 맛이 어쩌고저쩌고 하면서 떠들썩하게 먹어야 의미가 있는지도 모르겠다. 그래야 만드는 이도 먹는 이의 입맛까지 배려해서, 거기에 사랑과 정성과 맛을 담게 되지 싶다. 맛난 음식에 늘 그 자리에 함께했던 사람들과의 정이, 그리고 아름다운 추억이 따라다니는 것도 그 때문이 아닐까.

오랜 옛날, 어머니가 마당에서 갓 따서 살짝 튀겨 준 깻잎.
형제들이 앞다투어 먹었던 그 소소한 먹거리에는 우리 모습을 흐뭇하게 바라보시는 어머니의 미소가 늘 어려 있었다. 그리고 아랫목에서 며칠을 삭혀 새콤달콤한 맛이 고스란히 배어 났던 가자미 식혜는 이미 그리움 속에만 있지만, 그 누구도 흉내 낼 수 없는 어머니의 손맛이었다. 또 있다. 어머니의 손맛 하면 떠오르는 최고의 명장면.

김장철이면 마당 한 켠 수돗가에 산더미처럼 쌓였던 배추와 무, 시린 손을 호호 불면서 절인 배추를 수돗물에 씻었던 기억. 그리고 땅에 묻은 김치 독에서 살얼음이 살짝 낀 배추김치와 총각무 김치를 꺼내 뚝뚝 썰어서 밥상에 올리면, 김치 하나로도 가족들의 겨울 저녁이 풍성했다. 그 모든 먹거리에 어머니의 자식 사랑과 가족들의 도란도란함과 투덕거림까지 함께였다.

어머니의 손맛과 형제들과의 즐거웠던 한때가 그리워서였는지,

올 겨울, 뜬금없이 김장을 담갔다.

한동안 편리함과 한결같은 맛 때문에 김치를 줄곧 사다 먹었는데, 나이가 들면서 그 한결같은 맛이 내 손맛은 아니고, 그 편리함도 조금의 수고로 대신할 수 있다는 깨우침이 찾아온 덕분이다.

내가 담근 김치에 어머니의 손맛과 자식 사랑이 배어 있을지는 뚜껑을 열어 봐야 알겠지만,

김치 하나로 우리 가족의 저녁 식사가 다시금 북적북적해지고, 또 두

딸이 언젠가 엄마의 김치 맛을 기억해 줄 날이 오기를 기다려 보기로 한다.

『바나나 키친』에서도 이렇게, 입맛이 정직하고 까다로운 아들이 언젠가는 엄마의 손맛으로 기억하기를 바라며 꾸민 식탁의 정경이, 모여 앉은 사람들의 시끌시끌함과 더불어 따사롭게 그려진다.

2012년 2월. 맛있게 익은 김장 김치를 먹으며

김난주

옮긴이 김난주

1987년 쇼와 여자대학에서 일본 근대문학 석사 학위를 취득했고, 이후 오오쓰마 여자대학과 도쿄 대학에서 일본 근대문학을 연구했다. 현재 대표적인 일본 문학 전문 번역가로 활동하며 다수의 일본 문학을 번역했다. 옮긴 책으로 요시모토 바나나의 『키친』, 『하드보일드 하드 럭』, 『하치의 마지막 연인』, 『암리타』, 『티티새』, 『불륜과 남미』, 『몸은 모든 것을 알고 있다』, 『허니문』, 『하얀 강 밤배』, 『슬픈 예감』, 『아르헨티나 할머니』, 『왕국』, 『해피 해피 스마일』, 『무지개』, 『데이지의 인생』, 『그녀에 대하여』, 『안녕 시모키타자와』 등과 『겐지 이야기』, 『모래의 여자』, 『가족 스케치』, 『훔치다 도망치다 타다』 등이 있다.

바나나 키친

1판 1쇄 펴냄 2012년 1월 27일
1판 7쇄 펴냄 2020년 3월 24일

지은이 요시모토 바나나
옮긴이 김난주
발행인 박근섭, 박상준
펴낸곳 (주)민음사
출판등록 1966. 5. 19. 제16-490호
(우편번호 06027) 서울특별시 강남구 도산대로1길 62(신사동)
강남출판문화센터 5층
대표전화 02-515-2000/팩시밀리 02-515-2007
www.minumsa.com

한국어 판 ⓒ (주)민음사, 2012. Printed in Seoul, Korea

978-89-374-8431-5 (03810)

* 잘못 만들어진 책은 구입처에서 교환해 드립니다.

바나나

키친

GOHAN NO KOTOBAKARI 100 WA TO CHOTTO
by Banana YOSHIMOTO

Copyright © 2009 by Banana Yoshimoto
All rights reserved.
Japanese original edition published by Asahi Shimbun Publications Inc.

Korean Translation Copyright © 2012 by Minumsa

Korean translation rights arranged with
Banana Yoshimoto through ZIPANGO, S.L.

이 책의 한국어 판 저작권은 ZIPANGO, S.L.을 통해
Banana Yoshimoto와 독점 계약한 ㈜민음사에 있습니다.

저작권법에 의해 한국 내에서 보호를 받는 저작물이므로
무단 전재와 무단 복제를 금합니다.